日本経営学会東北部会発

グローバル化の中の地域企業

——経営理念による地域との共創——

日本経営学会東北部会プロジェクトチーム　編

文眞堂

目　次

序章

グローバル化の中の地域企業——本書の背景と意図

佐々木　純一郎

> 🔑 キーワード：◉自立経営　◉経営理念　◉企業と地域の共創　◉ソーシャル・
> 　　　　　　　　イノベーション

はじめに

　本章は，グローバル化の中の地域企業の位置を確認する。地域企業は自立経営を目指す必要がある。その自立経営の柱になるのが地域企業の経営理念である。またグローバル競争は，各国各地域間に経済格差をもたらした。疲弊する地域を支えるには，これまで以上に企業と地域との共創が必要となり，多様な主体の連携や，産学官連携が求められる。2020年，新型コロナウイルス感染症が世界的に流行し，生活様式や働き方を変え，新しい社会への視点が求められている。そこで地域企業と地域社会との関係について，ソーシャル・イノベーションの論点を参考にした。そして最後に本書の構成と各章の論点を説明したい。

第1節　グローバル化の中の地域企業の位置

　はじめにグローバル化の中の地域企業の位置について，概略を述べたいと思う。なお地域に密着した企業という場合「地場企業」と表現されることが多いが，本書ではそれよりも広い概念として「地域企業」を用いることとする。
　筆者は，これまで縫製産業の企業経営を主な対象として，その国際分業を研究してきた。縫製産業は労働集約型産業の代表的事例として取り扱われることが多

い。

　1985年のプラザ合意以後の円高により，日本製造業の価格面での国際競争力が問われる局面になった。日本の縫製産業の中国生産の先駆けの1つは，1985年の岐阜県関市の企業である。そこで岐阜県の縫製企業にインタビュー調査をした。その結果，1980年代後半は，岐阜県から青森県などへの企業移転も認められたが，1990年代には，青森県等に移転した企業が，中国に生産拠点を再移転することになる。2001年12月11日，中国のWTO（世界貿易機関）加盟により，日本が中国から輸入する衣類の数量が拡大することになる。

　例えば2000年の日本の衣類の輸入浸透率は数量ベースで85.5%だったが，2019年には98%に上昇している。日本国内での衣類の生産は2%に過ぎない[1]。2019年では日本の輸入衣類に占める中国産の割合は数量で62.3%，金額で57%であった。また同様にASEAN産の割合は数量で28.6%，金額で29.6%であった[2]。このような輸入品の増加に押されて，日本国内の衣料品生産は下降の一途をたどることになる。1990年の「衣服製造業」の推計値によれば，日本国内は38,966事業所，従業者数709,571人であったが，2017年に7,806事業所，従業者数162,524人となり，両者とも4分の1に激減した[3]。

　ここで注意が必要なのは，日本に衣類を輸出している中国やASEAN諸国には，日系企業が進出し，その日系企業と日本国内生産の企業との競争という側面も認められることである。佐々木（2012）は，日本の縫製産業を「全量海外生産」，「日本と海外で生産」そして「日本国内のみで生産」の3類型に分類した。全量海外生産する企業のインタビュー調査の結果，海外生産の経営判断には，経営トップの経営理念・哲学が重要であった。日本と海外で生産する企業は，短期的な労働コストによる生産移転を戒め，独自技術を活かした長期的生産を展望している。そして日本国内のみで生産する企業は，人材育成や設備投資による高付加価値化，また顧客の声を重視していた（佐々木（2012）142，143頁）。

　以上のように，グローバル化の中における地域企業を，縫製産業の事例から概観してきた。その結果，経営理念，技術力，そして人材育成などのキーワードが確認された。地域企業の課題として指摘されるのは「下請」経営という特徴である。だが，上述の縫製企業の事例に照らし合わせると，日本の国内外で生き残っているのは自立経営（脱下請経営）のできる企業であり，グローバル化の中で地域企業は自立経営が求められているのである。

第2節　地域企業の経営理念

　第1節で述べたように，グローバル化の中の地域企業が下請から脱却する経営の自立が必要である。そのための出発点が経営理念であり経営哲学である。その際に注目するべきなのは，地域における特性（地域性）が，地域企業の経営者の経営理念に与える影響である。

　日本の商人道（商人道徳論）の1つとしてよく知られているのは近江商人の「三方よし」（売り手よし，買い手よし，世間によし）である。事業性と社会性を両立させる「自利と利他」という普遍的な哲学は，近江商人の広域展開にともない，日本各地に広まっていった。例えば江戸時代には，北前船による広域の交易が発展した。その北前船の活躍の初期においては，近江商人が主導権を握っていたといわれる。北前船の活躍とともに，近江商人の三方よしの商人道が，広域に拡大していったことは容易に想像できよう（佐々木（2013）105-108頁）。このような各地の商人道のルーツなどを手掛かりにして，地域企業における経営理念を再確認することが重要である。また企業経営者の経営理念を地域の土台から再確認することは，地域社会における地域企業の存在感を高めると考えられる。

第3節　企業と地域との共創──多様な主体の連携

　グルーバル競争が地域に与えた影響を説明したい。1990年代以降本格化したグローバル競争（地球的な規模での競争）を「グローバル資本主義」としてとらえ，嶋田（2009）は次の3点の特徴を指摘している。① グローバル資本主義は，地球規模でのオープンな資本主義である。② グローバル資本主義の基盤は，貿易・投資障壁の引下げ（自由化，規制緩和），そして情報技術革新である。そして③ グローバル資本主義の矛盾は，各国各地域内での経済格差の拡大，そして金融活動の肥大化及び投機化である（嶋田（2009）69，70頁）。

　このようにグローバル競争は，地域に価格面での国際競争の圧力を加えている。その地域側からの対応策の1つが非価格面での国際競争力といえる地域ブラ

ンドの手法であり，そこに地域企業の果たすべき役割も発見できよう（佐々木（2016）220 頁）。

　近年は多様な主体の連携が地域経営であると理解されている。経営学は，主に個別組織を対象とするが，多様な主体の連携として企業と地域との共創関係を考えてみたい。

　2000 年の地方分権一括法の施行以来，地方公共団体の役割が増大するが，自治体以外の地域経営の多様な主体への期待も高まっている。例えば清（2013）によれば，日本の産学官連携が急速に拡大した契機は，政府による第 1 期科学技術基本計画（1996 年）の制定であるという。また産学官連携の組織的知的財産マネジメント体制の整備としては，国立大学の法人化（2004 年）が転機であるという（清（2013）43, 44 頁）。

　このように，地域企業などの「産」と地域との共創関係を考える上で，大学などの「学」そして自治体などの「官」をつなぎ合わせる産学官連携が重要となっている。

　他方，金目（2013）は，東日本大震災の復興過程における，地域間の支援活動に関連して次のように述べている。

　「地域レベルからの自主的な支援活動の動きは，将来にわたる地域間の連携システムの可能性を提示しており，地域住民，事業者，非営利団体等，さまざまな経済主体を巻き込んだ地域連携システムを基層構造に持つ地方分権型社会を展望する必要がある」（金目（2013）98 頁）。

　このなかで地域住民，事業者，非営利団体等，さまざまな経済主体を巻き込んだ地域連携システムという考え方が，多様な主体の連携であるといえよう。

　そして人材育成も発想の転換が求められる。これまで述べたようにグローバル化が進展する中で，企業経営の自立が求められ，そのために経営理念の再確認や，産学官連携などの地域との共創が重要になっている。従来とは異なる外部環境での企業経営には，これまでとは異なる人材が求められる。つまりこれまでの人材育成策では，対応できないのである。したがって，グローバル化の中の人材育成という視点が重要になっている。

第4節　新型コロナウイルス後に深まる地域企業と地域社会との関係

　2020年，新型コロナウイルス感染症の世界的な大流行（パンデミック）により，社会全体に変化がもたらされつつある。例えば厚生労働省は「新しい生活様式」の実践例として，次の4項目を示している[4]。

　(1)一人ひとりの基本的感染対策，(2)日常生活を営む上での基本的生活様式，(3)日常生活の各場面別の生活様式，そして(4)働き方の新しいスタイルである。特に(2)では「3密」（密集，密接，密閉）の回避，また(4)ではテレワークなどが示されている。

　例えば，大都市での「三密」を避けるために，テレワークを活用することにより，大都市から地方への移住と人口の分散が進む可能性も期待されよう。

　また国境を越えた感染拡大を阻止するために，グローバルに形成されてきたサプライチェーンも何らかの変容を迫られると思われる。これまでの社会のあり方が変容を迫られる中で，地域企業と地域社会との関係が深まると考えられる。その手がかりとして，近年注目されているソーシャル・イノベーションの論点に注目したい。

　谷本（2014）はソーシャル・イノベーションを含むCSR（企業の社会的責任）の背景に関連して，近年，企業の不祥事・犯罪に対し社会からの批判が厳しくなり，その具体例として，食品関連業界，原子力発電所の事故等を指摘している（谷本（2014）4頁）。そのうえで谷本（2015）は，ソーシャル・イノベーションを「社会的課題の解決に取り組むビジネスを通して，新しい社会的価値を創出し，経済的・社会的成果をもたらす革新」と定義している。そのポイントは，①社会的課題の解決，②ビジネスの手法，③経済的成果と社会的成果の両立，そして④新しい社会的価値の創出（既存の諸制度の変革）であるという。また社会的課題をビジネスとして取り組む事業体がソーシャル・エンタープライズ（社会的企業）であり，一般の営利企業も含まれる（谷本（2015）3頁）。

　以上のように企業の不祥事や原子力発電所の事故等という社会的課題の解決策として，ソーシャル・イノベーションが取組まれてきている。

　さらに野中・廣瀬・平田（2014）は，事例研究に基づき次のように述べている。

「ソーシャル・イノベーションを人や組織や活動内容の静態的な形態から定義するのではなく，社会的課題の解決と共通善の実現を目指して，社会の仕組みを変えて新たな社会的価値を創るという動態的な視点から考察することの重要性である」（野中・廣瀬・平田（2014）300 頁）。

以上のようにソーシャル・イノベーションの「社会の仕組みを変えて新たな社会的価値を創るという動態的な視点」に注目したい。ソーシャル・イノベーションの事例として，宮城県石巻市の「サバだしラーメン」の商品開発では，東日本大震災前から地域組織と企業のリーダー達が準備してきたことが，震災後の社会的課題の解決に役立った。このような地域企業をはじめとする産学・異業種連携が地域内で広がりつつあり，今後も多様な地域課題に対して，持続的に取り組む可能性を持つと考えられる（佐々木（2017）252 頁）。

2020 年の新型コロナウイルス感染症の世界的な大流行は，世界全体に大きな変容をもたらしつつある。本書の執筆時点では新型コロナウイルス収束後の社会のあり方までは予測できない。しかしながら，地域企業と地域社会との連携は一層深化すると考えられる。本書で取り上げる地域企業のケース・スタディは，コロナウイルス収束後にも通用する地域企業の方向性を示している。つまり地域企業をはじめとする産学官連携などの地域内での広がりは，今後の多様な地域課題に対しても有効であり，社会の仕組みを変えて新たな社会的価値を創ることも考えられるのである。次に本書の構成と各章の論点を説明したい。

おわりに――本書の構成と各章の論点

前半は「第Ⅰ部　地域特性と経営理念，経営者意識」と題して，地域と地域企業の経営理念との相互関係について論究している。それは 2 つの方向から議論される。第 1 は，地域の個性（地域特性）が経営理念などの経営者意識を規定する点である。第 2 は，経営者の経営理念や経営革新等が地域に与える影響や波及効果である。

第 1 の地域特性が経営理念など経営者意識を規定する点は以下のように説明される。なお 2011 年東日本大震災の被災地企業の分析は，将来の日本企業全体に有益な示唆を与えると考えられる。そこで本書の第 1 章には福島の復興過程を取り

上げている。

　第1章　福島県南相馬復興の状況と必要条件（土谷幸久）は，福島県の南相馬ロボット協議会の事例を対象として，企業の日常行動が武士道と報徳精神を通した公益・地域意識により規定されるという。ただし経営者意識の不足が課題であるとし，あわせて高卒者の賃金引き上げに対する行政の支援策などいくつかの政策提言を試みている。

　第2章　近江商人の伝統を受け継ぐ滋賀県企業の現状と展望（中井　誠）は，近江商人の伝統を受け継ぐ和菓子製造企業2社の事例を検討し，地域に密着した経営理念を積極的に取り入れることで地域社会や地域中小企業の諸問題を解決できるとする。

　第3章　国内にモノづくりを残すための取り組み事例―菅公学生服における顧客との価値共創―（江　向華）は，菅公学生服の事例から，地域企業の持続可能性のポイントを，地域特性を生かし，経営理念を重視し，顧客と価値共創したことに見出している。

　第2の経営理念や経営革新が地域に与える影響や波及効果は次のように説明される。

　第4章　経営理念重視企業による広域青函圏市場へのアプローチ（佐々木純一郎）は，地域における経済思想・経営思想と，地域企業の経営理念の相互関係に配慮するよう指摘する。また北海道と青森県の経営者意識（企業家精神）に課題が認められる中，独自の経営理念により，形成途上にある広域青函圏で先進的に事業展開する2法人を検討している。両者は東日本大震災による影響や事業承継を契機として広域青函圏に挑戦している。

　第5章　地域企業の持続性に関する研究―事業承継と事業機会の創出からの考察―（角田美知江）は，中小企業に事業創出の機会を認める。多くの中小企業の課題である経営者の高齢化問題の解決方法として，事業承継を契機とする経営革新を提案する。経営革新の効果は，以前では個々で勝負していた企業が結束し，総力をあげて集団としての競争力を高め，結果的に企業のある地域，企業の属する産業に波及するという。ここで提起されている論点は，個々の企業から，企業集団（ネットワークなど）による競争力が，地域や産業にまで効果を及ぼすということである。この点については後半でも述べたい。

　後半は「第Ⅱ部　地域企業と産学官連携，そしてグローバルな人材育成」と題

している。それは，第1の「地域企業のネットワークと産学官連携」，そして第2の「グローバルな人材育成の現状と課題」という2つに大別できる。

第1の「地域企業のネットワークと産学官連携」については，次のように説明される。

第6章　地域中小企業の企業間連携による新規産業創出の類型—航空宇宙産業への参入事例から—（下畑浩二）は，池田清の「連携したグループをひとつの企業に見立て」る視点を参考にする。飯田下伊那地域と新潟市の企業間連携では① 行政による企業連携のコーディネート，② 企業連携への，既存参入企業や連携外での経験豊富な企業による支援，そして③ 企業間連携を取り持つコーディネーター等の「キーマン」が，新規産業創出を導くとする。

第7章　地域システムを整合化させる価値マネジメント—青森県下北のモノづくりからとらえた企業誘致と成長—（岩淵　護）は，官主導により失敗した青森クリスタルバレイ構想を取り上げる。対照的に企業独自に企業戦略の実施にともなう資源獲得や自社の取引ネットワーク拠点の配置を意図した永木精機を検討し，その強みは受注生産にあるという。

第2の「グローバルな人材育成の現状と課題」については，次のように説明される。

第8章　宮崎-バングラデシュ・モデルによる IT 分野の新しい人的資源管理（税所哲郎）は，IT 分野において，人手不足の日本（宮崎）と人材豊富なバングラデシュとの Win-Win の関係に基づくビジネスモデルの構築を目指す試みを紹介している。だが① 現状では公的資金を活用しており，民間資金を導入した場合の持続可能性，② 海外の人材を日本で採用すると，日本人と同じ人件費が発生し，大きなコスト削減効果が見込めない，そして③ 異なる宗教などの文化理解などを，課題として指摘している。

第9章　海外関連事業への産学連携と今後のグローバル人材育成—人材育成ターゲットからみる地方企業の持続性—（山田政樹）は，海外での商談会に学生通訳を派遣する事業を調査している。英語力を1つの指標とし，中小・中堅企業も企業内外での人的資源の能力を底上げしていく必要があるという。効果的な人材の選別と，グローバル人材育成プログラムの充実こそが地方企業の持続可能性を向上させると指摘している。

[注]

1) 原資料：日本繊維輸入組合『日本のアパレル市場と輸入品概況2020』。ただしアパレル工業新聞社『アパレル工業新聞』第428号，2020年6月1日より引用。

2) 原資料：財務省『貿易統計』。ただし日本繊維輸入組合「2019年1-12月衣類輸入状況」より引用。
https://www.jtia.or.jp/toukei/toukei.htm。（2020/6/29アクセス）

3) 経済産業省『工業統計』をもとにアパレル工業新聞社が作成。アパレル工業新聞社『アパレル工業新聞』第418号，2019年8月1日より引用。

4) 厚生労働省（2020）＜「新しい生活様式」の実践例＞
新型コロナウイルス感染症専門家会議からの提言（2020年5月4日）を踏まえ，感染状況の変化を踏まえ，専門家会議の構成員にも確認し，同年6月19日に一部の記載を変更。
https://www.mhlw.go.jp/stf/seisakunitsuite/bunya/0000121431_newlifestyle.html（2020/7/1アクセス）

[参考文献]

金目哲郎（2013）「地方財政の現状について」，佐々木純一郎（2013）所収。

清剛治（2013）「地域イノベーション創出への産学官連携―新産業を生み出す地域システムにおける公的大学への期待―」，佐々木純一郎（2013）所収。

佐々木純一郎（2012）「日系縫製産業の東アジア生産ネットワーク」，山崎勇治・嶋田巧編著（2012）『世界経済危機における日系企業―多様化する状況への新たな戦略―』ミネルヴァ書房所収。

佐々木純一郎（2013）「地域経営の課題解決策に向けて―地域の企業による地域間ネットワーク，地域づくり―」，佐々木純一郎編著（2013）所収。

佐々木純一郎編著（2013）『地域経営の課題解決―震災復興，地域ブランドそして地域産業連関表―』同友舘。

佐々木純一郎（2016）「グローバル競争下における地域ブランド」，佐々木茂・石川和男・石原慎士編著（2016）『新版　地域マーケティングの核心―地域ブランドの構築と支持される地域づくり―』同友舘。

佐々木純一郎（2017）「ソーシャル・イノベーション～地場企業が支える地域社会～」，石原慎士・佐々木茂・石川和男・李東勲編著（2017）『産業復興の経営学―大震災の経験を踏まえて―』同友舘。

嶋田巧（2009）「グローバリゼーションと三極構造の変容」，嶋田巧編著（2009）『世界経済（増補改訂版）』八千代出版所収。

谷本寛治（2014）『日本企業のCSR経営』千倉書房。

谷本寛治編著（2015）『ソーシャル・ビジネス・ケース―少子高齢化時代のソーシャル・イノベーション』中央経済社。

野中郁次郎・廣瀬文乃・平田透（2014）『実践ソーシャルイノベーション―知を価値に変えたコミュニティ・企業・NPO』千倉書房。

第 I 部

地域特性と経営理念，経営者意識

第1章

福島県南相馬復興の状況と必要条件

土谷　幸久

> 🔑 キーワード：●コア・コンピタンスの強化　●最低賃金を上げる　●ネット
> ワークの形成

はじめに

　2019年暮れに復興庁や福島県による「青写真」が発表された。それによると，廃炉をはじめ，イノベーション・コースト構想の各プロジェクトは順調に推移しているとのことである。しかし，被災15市町村の復興状況は，震災前の水準には到底復帰していない。

　福島イノベーション・コースト構想の推進と車の両輪となって復興を牽引し事業・なりわいの再建を進めるためには，地域の自主的組織が必要である[1]。現在そのような組織は，唯一南相馬等旧相馬中村藩地域の南相馬ロボット産業協議会しかない。

　そこで本章では，復興の現状を押え，南相馬ロボット産業協議会を構成する企業群の現状と不足していることを指摘したい。

　不足している最大の問題は，経営者の意識である。イノベーション・コースト構想は国家プロジェクトなのだから，浜通り地域は東京以上の給料を払い人手不足を解消しなければならない。またコア・コンピタンスを強化しつつ取引先を極力分散して，危険分散を図らなければならない。その上で，自社の存続と地域の発展を考えることである。コロナ禍で環境は急激に悪化する中，各社が変わり生き残らなければ，復興は成功しないのである。

第1節　復興の現状

1. 現状

　本章で 12 市町村と呼ぶのは双葉郡 8 町村に南相馬，田村，川俣，飯館を加えた地域，15 市町村はそれに新地，相馬，いわきを加えた地域である。

　本節では，南相馬市，楢葉町，15 市町村全体について，工業製品出荷額，4 人以上の従業員を雇用する企業数，従業員数の推移を考える。南相馬市はロボット産業協議会の中心であり，また同市小高区のみ警戒区域に指定され全員避難を余儀なくされたが，その他は避難を免れ，その時以来市内で不均衡が生じているからである。一時的にせよ全員避難指示を受けた地域は，解除になっても人口，産業等が戻っていない。楢葉町も双葉郡の代表として取り上げた。県レベルでの復興がなったとしても，15 市町村の復興がなければ，真の復興にはならないからである。データはふくしま統計情報 Box を利用し作成した。

2. 分析

(1) 人口

　震災前の 2010 年 10 月時点では，約 59.4 万人であった 15 市町村の人口は，2015 年 10 月時点では約 51.5 万人に減少している。特に 12 市町村の人口は，同年 10 月時点の約 20.6 万人から 2015 年 10 月時点では約 11.8 万人と約半数に減少している。

(2) 就業者数

　震災前（2010 年）に 27.3 万人であった 15 市町村の就業者数は，2015 年において 24.3 万人と，約 3 万人減少している。特に 4 人以上雇用している事業所に勤める就業者数は，次図 1-3-③ より 39,444 人から 32,836 人へと減少している。これは，図 1-2-①②③ より明らかなように，大規模事業所はいわき市，次いで南相馬市と相馬市の順で所在し，その他の地域は小規模事業所や個人事業が中心になっていることを意味している。そして，15 市町村全体として，小規模事業所の多くが廃業・移転・解散に追い込まれたのである。

　復興庁・経済産業省・福島県（2019）によれば，浜通り 12 市町村については，

①工業製品出荷額推移：

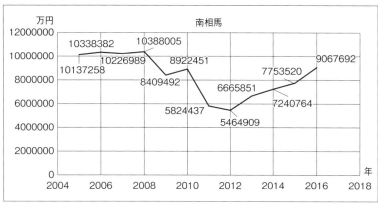

図1-1-①

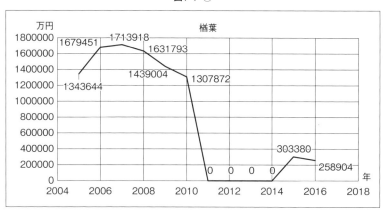

図1-1-②

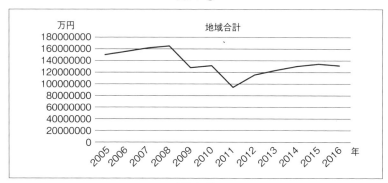

図1-1-③

②4人以上雇用事業所数推移：

図1-2-①

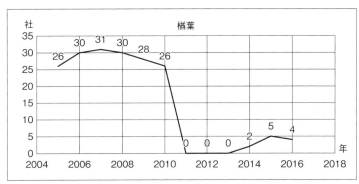

図1-2-②

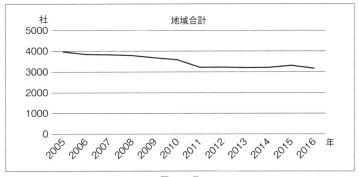

図1-2-③

③従業員総数推移:

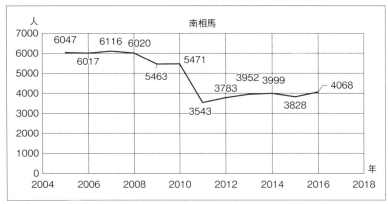

図1-3-①

図1-3-②

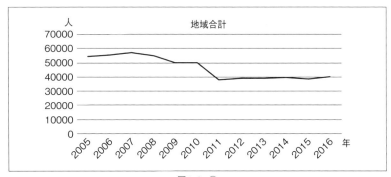

図1-3-③

就業人口は 2010 年の 9.8 万人が 2015 年には 6 万人と 3.8 万人減少しており，15 市町村の就業者の減少分のほとんどを占めている[2]。つまり，飯館，田村，川俣等は元々人口が少なく，新産業育成などの復興計画においては，就業者確保という課題があることがわかる。

一方で，被災 3 県の有効求人倍率は 2011 年 12 月には全国平均を上回ったのだが[3]，相双地域の有効求人倍率は，現在，震災以降 2.0 倍を上回る高水準で推移しており，全国平均値（約 1.5 倍）を恒常的に上回っている。浜通り地域等の新規高卒者の有効求人倍率も同様に 2.0 倍となっており，若年者も含め，大幅な求人過多の状況となっている。

さらに，2010 年度には 2.7 万人であった 15 市町村の農業就業人口は，2015 年度において 1.3 万人と，震災前から 1.4 万人減少している。特に 12 市町村については，2010 年度の 1.6 万人が 2015 年度は 0.6 万人と，震災前から 1 万人減少しており，15 市町村における農業就業人口の減少数の大半を占めている。但し，植物工場のようなスマート農業への動きもあり，農業就業人口の減少は必ずしも悲観すべき事象とは言えない。

(3)　製造品出荷額

15 市町村域内製品出荷額は，図 1–1–③ に見るように，リーマン・ショックから立ち直り，2010 年には 1 兆 3,200 億円であった。それが 2011 年には 9,476 億円にまで落ち込んでいる。2016 年には 1 兆 3,000 億円まで回復したが，まだリーマン・ショック以前の水準には戻っていない。県レベルでは，2010 年の製造品出荷額は約 5 兆 957 億円であったが，2016 年には 5 兆 5,174 億円になった[4]。復興庁・経済産業省・福島県（2019）は，「この間，全国の製造品出荷額等は，2010 年は 289 兆円，2017 年度は 319 兆円と，1 割以上伸びており，15 市町村の産業復興に至っているとは言いがたい」と述べている[5]。

避難指示等の対象となった 12 市町村においては一層低く，震災直後に大きく落ち込んだ経済水準が，未だ震災前を大きく下回っている状況にある。

3.　企業の転入転出事例

福島県浜通りをはじめ 15 市町村は，農林水産業が中心の地域であった。唯一人口が多いのはいわき市のみであったが，新産業都市計画時の目論見は外れ，郡山市と合算しても人口が 100 万人に届くことはなかった。その後，原発計画が持ち

上がり双葉郡は活気付いたが，原発関連以外に新産業が勃興することはなかった。

　相馬市は，1963年に低開発地域工業開発地区に指定されたが，1974年に相馬港が重要港湾に指定されるまでは大きな開発もなく推移した。1981年に全国初のエネルギー港湾指定を受けると，相馬地域総合開発事業として中核工業団地整備と併せて港湾整備が進んだ。相馬港建設整備は，福島イノベーション・コースト構想との相乗効果をもたらすものであった。

　水産業では，震災前は常磐ものと称される干物などが盛んに作られた。豊かな生活を支えるブランドであった。このように，浜通り地域や15市町村に広げても，炭礦時代が終わってからは主要産業と呼ぶべきものはないが，豊かな自然環境と温暖な気候に恵まれた地域であった。

⑴　いわき市

　震災で事業所数の減少が一番大きかったのは，いわき市である。約200社超が転出している。しかし，転入した企業もある。

　転入企業には，2011年大熊町からの歯列矯正器材総合メーカーのトミー，2012年楢葉町から移転してきた東北電子，同年横浜から事業所を進出させたアジア物性材料，2013年いわき市に主要工場を移転させた磐城無線研究所，2014年郡山から事業所を進出させたアサカ理研，さらに2017年楢葉から移転してきた泉エンジニアリングなどがある。

⑵　楢葉町

　磐城無線研究所，東北電子，トミーなどの主要工場・企業が移転してしまった双葉郡は，一時期全てについての空洞化状態にあった。

　楢葉町についていうと，震災後に9社が転入し，2019年現在計11社である。リーマン・ショック以前の最盛期31社に比べ，復興の途上と言える。ほとんど警戒区域に包摂された他の双葉郡の町村や川内村と同様で，震災以前のレベルに復興したとは言えない状況である。

⑶　南相馬市

　南相馬市は特異な存在である。市は，旧3町の鹿島，原町，小高の3区からなり，浜通りではいわき市に次ぐ人口規模，経済規模であったが，一番南側の小高区のみが警戒区域に掛かり，産業と住民の流出が発生し，小高のみ空白状態になったのである。

　この構図は，浜通りにおける双葉郡と同じもので，産業・雇用者とも極端に減

少した地域は，復興支援の恩恵に与ることが困難であることを表している。この問題は後述する。

　主な転入企業は，浪江町から横山物産と會津鉄建工業，喜多方市からの本社移転として日本エンコン，埼玉からの転入としては右川ゴム製造所の新工場建設，小高区にあり従業員も 320 人もいたエプソントヨコム事業所跡地への入居として菊池製作所，南相馬小高区から市内原町区への移転で，ワインデング福島などがある。創設企業には福島エコクリートなどがある。

　転出事業所・企業には，震災の前年の日本デルモンテ福島工場の閉鎖や，震災直後撤退を決めたエプソントヨコム，同じく小高からの転出で DNP ファインケミカル福島の転出は大きかった。また，餅菓子凍天製造販売の木乃幡などが移転・倒産している。

第 2 節　南相馬ロボット産業協議会

　復興庁・経済産業省・福島県（2019）は，福島相双地域における創業等の促進に向けたコミュニティの企画・運営等事業，すなわち事業・なりわいの再建，と福島イノベーション・コースト構想の推進は車の両輪であり，これなくして浜通り地域等の産業復興は覚束ないと述べている[6]。復興の両輪としての事業・なりわいの再建の候補地として，本節では旧相馬中村藩地域を考えたい。

1.　南相馬ロボット産業協議会
　15 市町村の内，地域で自主組織を作っているのは南相馬市を中心とした浜通り北部の旧相馬中村藩地域のみである。その組織を，南相馬ロボット産業協議会と言う。これは，南相馬機械工業振興協議会と旧南相馬ロボット産業協議会の合同により誕生した。2006 年 2 月に地域内の企業，南相馬市，原町商工会議所などの連携により，金属・機械加工産業の発展と技術力向上，新産業創出を目指し南相馬機械工業振興協議会が設立された。その後，2011 年 12 月に東日本大震災以降の新たな経済成長と雇用創出を実現するため，2016 年 6 月に官民一体となってロボット関連産業の創出を目指し南相馬ロボット産業協議会が発足したのである。

　復興の両輪としての事業・なりわいの再建を問うならば，相双地域における双

葉郡と同型の問題を抱えながら，会員相互にさらなる知識や技術力の向上を図るとともに，互いの技術を活かすことで各々の分野におけるビジネスチャンスを創出し，地域全体の産業の発展をより強力に推進するという目的で協議会を発足させた，南相馬市を中心とした旧相馬中村藩地域に焦点を当てることは必然といえる。

　この自主組織の一部に見られることであるが，今後の地方企業の持続可能性を探る上で貴重な特徴を見ることができる。それは以下の諸点である。ⅰ 親会社一社のみを頼みとする下請にはならない。自律・自助を基本とし，元請・取引先は極力分散する。ⅱ 手に余る仕事も請けて横請に回し，地域企業の共助関係を創る。ⅲ 日本オートマチックマシンや菊池製作所，栄製作所のように，OBの起業やインキュベータ機能を持った相互作用がある。ⅳ 借金はしない。ⅴ 一定規模の企業は，海外に子会社を持ち，為替変動に備えている。ⅵ 地域を裏切ることができず，地域の発展に貢献したいという意識が強い。ⅶ IHIとその協力企業の関係のように，外来企業も地域に根差し，その関係を広げている[7]。南相馬市も「南相馬ロボット振興ビジョン」を策定し，この動きを後押ししている。

　上記ⅰ〜ⅶは，ロボット産業協議会の各企業に経営上心掛けていることについて尋ねたところ，複数企業が回答したことをまとめたものである。よって，全ての企業がⅰ〜ⅶの特徴を満たしている訳ではない。元請を複数に分散せずに，乗り遅れている企業もある。実際，ⅱの横請を行っている企業としては，カシワテクノなど少数の実施に留まっている。ⅰについては，相馬製作所のように全取引先の売上に占める割合を5％以内に抑えるという，成長の管理ともいうべき危険分散を方針に入れている企業もある。

2.　相馬武士道と報徳精神

　相馬野馬追執行委員会の説明によれば，ⅰ〜ⅶの地域の精神構造は，相馬中村藩時代以前から千年続く相馬野馬追で培われた武士道と，幕末維新時代の藩を挙げて取り組んだ二宮尊徳の御仕法の経験の融合の産物であるという。報徳精神とは，至誠・推譲・分度・勤労という4つの徳目であり，地域の精神性の基盤になっていると言うべきものである。また，野馬追が重要無形民俗文化財に指定された理由は，単なる馬事文化ではなく，相馬地方の人々の規範になっているからである。

　地域を挙げた野馬追は，伊達氏への備えとしての軍事教練を，幕藩体制下においても３つの妙見社の祭事と称して継続し，今日まで守り，旧相馬中村藩地域の地域統合原理を体現・確認する共同作業である。

　各企業は，相馬武士道と報徳精神によって４つの徳目を通じて地域統合原理の具現化としての公益・地域意識接続しようと自らを方向付けようとしている。すなわち，公益・地域意識が日常の行動を規定することになり，経営の場面で具体化すれば ⅰ～ⅶなる行動に現れていると解することができる。

　自主・自律的組織を作り維持できるのは，このような精神性とそれに基づく所作からなる内なる力が基底にある地域だからである[8]。第２節1. の最後に，乗り遅れている企業もあると書いたが，これ等の企業経営者や従業員達も郷土意識は強く，相馬武士道と報徳精神は旧相馬中村藩の地域内で育った人々には共通する精神的支柱であるといえる。被災３県に拡大して見ても，災害に遭ったが故か，野馬追の参加者人数を見ても，地域意識は他の地域・他県に比べ一層強いと感じられる。

第３節　むすび——中小・小規模企業の維持の方途

　地域企業が抱える問題は，大きく分けると３つある。１つは人手が集まらないこと，２つ目は縮小均衡過程に陥りつつある企業があること，３つ目は継続的に仕事が取れるか否かという問題である。実は，２つ目は，第２節1. の ⅰ～ⅶの結果であり，ここでいう１つ目と３つ目の結果である。

　本章の冒頭に，各社のコア・コンピタンスを強化するような仕事を増やすことと，若者を定着させること，企業規模を拡大することと書いた。そして，第２節2. に自主・自律組織を維持できる精神性の高い地域であると書いた。そこで，上記の３つの課題について，本章冒頭の意識改革と絡めて結論を述べたい。

1. 意識改革とコア・コンピタンスの強化——3つ目の問題について

　初めに，継続的に仕事が取れるか否かという問題について論じたい。南相馬ロボット産業協議会の各企業が答えていた通り，第２節1. の ⅰ～ⅶのような機能を各社，部会，協議会が持てば良いのである。第２節1. の ⅱに，手に余る仕事

も請け横請に回すと書いた。横請を，小規模企業の経営者がかつて勤務経験していた会社や元請に出すケースがある理由は，それ等の会社ならば加工する能力があるからである。逆に，縮小均衡に陥りつつある幾つかの会社では加工できないかというと，必ずしもそういう訳ではない。技術はあるが，縮小均衡の末，人手が足りなくなっているからできないのである。

　無理をすればできる。しかし無理もせずに断る理由は，もう1つある。自社のコア・コンピタンスを強化することに繋がらないという判断が働いているのである。RTFなどのプロジェクトに関して，ロボットをはじめ開発段階のプロジェクトは製造現場からすると全く次元が異なり，製造のみならず治具の依頼もないため，消極的にならざるを得ないのである。自社のコア・コンピタンスを強化できること，強化するための範囲ならば協力するが，そうでなければ請けないという姿勢なのである。本質は，極限までの縮小均衡を行い，人員を割く余裕がないからである。働く人の立場では，（人）≒（中小・小規模企業）であり，企業の存続が生活保障に繋がる問題である。現在の仕事をする従業員はいるが，少量多品種かつ不定期スポット的な仕事を請ける余剰人員がいない状態なのである。

　故に，中小・小規模企業の維持の方途は，自社のコア・コンピタンス強化に繋がる仕事を受注することが肝要という判断になるのである。

　ところで，各種プロジェクトは最先端の研究の集積を行っている。それ故プロジェクトが製造段階に移行したら，それに関与して行くことがコア・コンピタンスの強化の一番の近道である。そのためには，営業力も必要である。

　京都試作ネット・京都試作センターのような組織化ができるならば一番良い。それができないならば，協議会もしくは各部会で当面共同受注することが必要である。その中で，一社も廃業しないように気を配ることが大切になってくる。時に，仕事を分ち合うことや繁忙期には従業員を応援に回すことも考えるべきであろう。

2. 意識改革と若者の定着促進，そして企業規模を拡大すること
——1つ目の問題について

　1つ目の人手が集まらないことについて考えたい。若者を定着させるためには，これまでの意識を逆転させて，最低賃金を上げることである。その際，高校から企業への就職推薦枠を拡大することも必要である。企業側は高卒の人材を有効活

用して，縮小均衡ではなく，企業規模の拡大を目指すべきである。

　最低賃金の引上げは若者の定着に有効である。その際のポイントは，当面，高卒者に限り賃上げを行うことである。同地方では，高卒の従業員が多い。都会に憧れて進学する者を引き留めるには，高卒者の賃金を大卒レベルまで引き上げることが必要である。大卒者のＵターン現象が起こるまでは高卒者を中心に賃金を上げて，流失人口に歯止めを掛ける必要がある。Ｕターン現象が軌道に乗れば，大卒者の賃金を上げることを考えればよい。

　地方に人手が集まらない理由は，都市部との賃金格差があるためである。それを埋めなければ，人手は集まらない。ところで都会では，大卒者でも40代でリストラ対象になることが多い。都会で40前後まで働くのと，高卒であろうと，大卒と遜色のない賃金で，豊かな地方で定年まで働けることを比べれば，後者を選ぶ若者も多数いることは首肯できるであろう。

　我が国の給与は，バブル崩壊後の1997年をピークとして，同年に対して約90％に縮小している。これではあまりにも夢がない。

　さて，令和元年10月１日に改定された福島県最低賃金は時給798円である。輸送用機械器具製造業最低賃金は851円/h，電子デバイスは815円/h等となっている。南相馬・相馬地域もこれに準拠している。しかし，これでは，若者は戻ることを躊躇するはずだ。

　給与水準は生産力を表しているともいえる。しかし，大企業にとっても多額の内部留保を維持することは美徳ではない。経済・教育・文化のどの分野においても国内最高地域を浜通りに建設しようとしている今，15市町村就中旧相馬中村藩地域は，国際水準にも見合うような国内一働き易く，労働に見合う対価が得られる地域にしなければならない。

　そのためには，最低賃金も毎年2％程度上げてはどうだろうか。人口減少社会になると，全国的に労働市場が流動化することが予想される。（人）≒（中小・小規模企業）なのだから，人がいなければ企業自体が成り立たない。これには2段階の目標を定めるべきである。第1段階としては，東京都の最低賃金1,013円/hをクリアする段階である。2％の上昇率とはGDP比2％程度の物価上昇率を日銀が掲げていることによっている。

　バブル経済崩壊後我が国の勤労者平均所得が減少していると書いたが，OECD加盟国は1.5～1.8倍に上昇している。このことに鑑み，最低賃金水準を諸外国並

みに上昇させることを考え，4.5％程度の上昇率に持っていくことを2段階目の目標にすべきである。但し，それに見合う，業容の拡大がなければならない。国内最先端の地域を目指しているのだから，全国一の賃金の地域を目指すことは自然なことである。

その上で，1. とも関連するが，縮小均衡を脱して，企業規模を大きくすることができるように，プロジェクト関係の仕事を受注すべきである。そうすれば，さらに人材は集まってくるはずである。また復興庁の有識者会議で検討が進められている国際教育研究拠点が実現するならば，あるいは既存の理工系大学など幅広い教育機関も含めて，先行投資として，経費で社員を通わせることもできるであろう。企業負担で学び学歴を積んだ社員は，これまで以上に会社に尽くすに違いない。

厚生労働省のホームページには，賃金を上げることで業績を回復した企業事例が多数掲載されている。心配する向きも理解できるが，身動き取れなくなるよりも，従業員共々利益を享受できる体質に改める方が健全というものである[9]。

3.　ネットワーク

規模の拡大が直ぐには無理でも，同業者ネットワークを形成して，仕事を融通するという方法もある。実際，ロボット協議会に属する小規模事業者が起点となって，属していない同業者を十数社も束ねてネットワークとして成功している例もある。起点となっている会社経営者が，若干の手数料を取って，グループの代表営業部長的役割を果たしている。同グループ各社は，元請にしがみ付くようなことは一切していない。納期または数量や大きさなど自社加工が困難な仕事を柔軟かつ余裕を持って融通しており，何れも順調である。

小規模事業者による合従策ネットワークの利点は，価格決定権を保持できる点と仕事を断らないことから生じる信頼の維持にある。逆に，縮小均衡・元請一社方式にならざるを得なかった企業は，仕事量の減少とともに，価格決定権を放棄することになってしまっている。

同グループの個々の企業と取引する企業から見ると，南相馬の取引先は小規模事業者ではあるが，どんな金属加工も引き受ける万能の取引先として見えることであろう。横請ネットワークを形成していることを知っている取引先も，信頼の置けるワンチームとして，ネットワークを見ているはずだ。

昨今の取引は多品種少量取引と言われるが, 実際はより深刻である。多品種少量・不定期スポット的かつ要高技術・高技能取引になっているのである。不定期スポットとは, 毎月仕事があるとは限らないという意味である。要高技術・高技能とは, 前者が十分な設備があることを前提としていることを意味し, 後者が熟練工が加工することが要求されていることを意味する。不定期スポット的かつ要高技能の組み合わせにより, 一社で対応することは, 派遣で賄うことも, 人員を増やすことも困難な状況にあることになる。故に, 最近の多品種少量・不定期スポット的かつ要高技術・高技能取引に対応するために, 横請ネットワークを組織することは生産現場の生き残りを賭けた知恵であり, 最適な方策であるといえる。

逆に, 一部の企業ではあるが, この取引の実情に照らせば, 縮小均衡に陥る理由も明らかであろう。そのような企業はことごとく, 遊休設備を抱えながら, 人員を増やすほどの仕事が確保できないと述べている。

一方, いわき市には, 工程順に小規模事業者がコンソーシアムを形成し, 完成品作りを上手く行っている例もある。シンテックという小規模事業者が起点となっているのだが, 海外の事業所まで巻き込んだ開発を行っている。これは, 必然的に小規模事業者による共通の生態学的ニッチの創出を伴うもので, 上記のネットワークよりも進んだ形態である。何れにせよ, 協力することが知恵を出す第一歩ではないだろうか。

4. 行政に望むこと

行政には3つの任務がある。1つは弱者を守ること。2つ目は許認可を与えること。3つ目は市場を創ること。そして4つ目は地域創りの基礎作りである。

1つ目の弱者を守るということは, 国レベルでは福島イノベーション・コースト構想プロジェクトを起動させたことは大きい。しかし, 現在コロナ禍の皺寄せは, 地方と下請に集中している。地域内の元請として頼られてきたロボット協議会の中核企業においても, 週休3日になっている企業もある。小規模事業所の中には, 休業状態に陥っている企業も散見される状態である。市町村や県には持続化給付金等の支給を急ぐことが待たれるが, 自助・共助として各企業は, 新たな付加価値の提供を模索するか, 企業合同を通じて生き延びることも1つの方策である。特に縮小均衡に陥りつつある企業は, 技能を残すためにも従業員を守るためにも, 行政・商工会議所の1つの機能として, 弱者救済のために企業合同の後

押しをすることも必要な状況にまで来ているのではないだろうか。

　2つ目はRTFを巡る状況である。RTFに多くの企業や研究機関が参加することは望ましいことである。しかし，単に利便性を提供する場であるならば，地域に恩恵はない。行政の仕事が市場を作ることであるならば，ドローンやロボットを市街地で運用するための免許・許認可事務所を，RTF周辺に置くべきである。復興庁・経済産業省・福島県（2019）も，RTFが国内ドローンの研究開発のメインプレイヤー，統合運行管理機能としての役割も担い，ナショナルセンター化を目指すと述べているとおり，許認可機能を付与すべきである[10]。

　3つ目は，協議会の自律性に任せることも大切であるが，大所高所から，マッチングや企業誘致，入札への案内，個別指導等を通して，企業の背中を押すことである。政治も，例えば産業復興の加速と事業者の自立を支援する等と述べているが[11]，その通りである。しかし，RTFを利用した企業が量産段階に入る際は，15市町村の企業就中南相馬ロボット産業協議会の企業への外注を条件に入れるということも必要なのではないだろうか。プロジェクト関係の仕事を担当すべきと前述したが，開発のみをRTFで行い撤退することを許さず，製造も南相馬で行うことを条件付けるべきである。条件提示ができるのは行政でしかない。

　4つ目の地域創りのための基礎作りとしては，先に述べた高卒者の給料を上げるという施策の後押しをすることである。ロボット産業協議会企業の多くは厳しい状況に置かれている。その実情を踏まえて，賃上げ分に対して補助金支給を行うことを検討すべきではないだろうか。

　首相は，賃上げに関して度々経済団体に要請してきたが，これまで芳しい成果を上げてはこなかった。しかしながら，経済規模拡大が定着するまでの期間，賃上げ分を補助金支給し，地域経済の安定拡大をリードするという施策も考えられるのではないだろうか。

　賃金は企業ではなく個人に払われるものである。個人が豊かになれる地域ならば，転入者も増え，転出者は減少するだろう。地域活性化の根本は，RTF参加企業を増やすことよりも，またRTF関連の住民票人口を増やすことでもなく，居住者人口を増やすことである。若年流失人口を防止し，転入人口を増やすためには，賃上げは必要条件である。そのための施策である。もちろん，賃上げ後一定期間黒字を計上した企業は補助対象から除外すべきである。

　経済産業省が「青写真」のポイントとしている「あらゆるチャレンジが可能な

地域」，「地域の企業が主役」，「構想を支える人材育成」という施策の三本柱を実現するには，一定期間賃上げ分補助金支給が必要である。この施策は，従業員個人への補償であり，弱者である地方小規模事業者の救済にもなり，地域の居住人口を増やすことにもなる一石三鳥の施策であるからである。

　給料を上げ，人を集め，危険分散しつつコア・コンピタンスを強化し，産業が地域の柱にならなければ復興はあり得ない。

　復興・創生期第二章は，実の上がる期間にしなければ，官庁，機構，市町村役場，そして浜通りの人々のこれまでの努力が報われない。リーマンショック，大震災，コロナ禍，度重なる苦難は津波のように押し寄せてくるが，旧相馬中村藩は江戸末期の大混乱を，北陸移民による員数揃えや報徳仕法，文化の御厳法で乗越えてきた歴史がある。この苦難も必ずや乗り越えられる試練で，地域の歴史の財産にするに違いない。また，そうしなければならない。

[注]
1)　復興庁・経済産業省・福島県（2019），6頁。
2)　復興庁・経済産業省・福島県（2019），5頁。
3)　国土交通省（2012），10頁。
4)　福島県（2017），36頁。
5)　復興庁・経済産業省・福島県（2019），5頁。福島，宮城，岩手の東北三県の失業率が全国平均より改善されるのは，2012年中頃からである（斎藤（2015）153頁）。また，有効求人倍率が全国平均を上回るのは2011年中期である。一方，同書の範囲である2013年までに鉱工業生産指数が全国平均を上回ることはなかった。特に雇用に関しては，リーマン・ショック後，震災前から改善が進んでおり，デフレ経済に陥ることもなく，雇用環境の悪化もなかったと結論付けている（同169頁）。
6)　復興庁・経済産業省・福島県（2019），6頁。
7)　復興庁・経済産業省・福島県（2019）は，「航空宇宙分野についても浜通り地域等における産業集積の期待が高まっており，今後…重点分野に位置付け」る可能性があると述べているが（p. 9），下畑（2019）が描写する飯田下伊那地域のような集積に発展するには，永い年月を要することは明らかである。
8)　福島県（2017），25頁。
9)　厚生労働省（2019）。
10)　復興庁・経済産業省・福島県（2019），28頁。
11)　自由民主党，公明党（2019），17頁。

[参考文献]
福島県（2017）「福島県商工業振興基本計画―新生ふくしま産業プラン―」（改訂版）。
福島県ホームページ（2019）「ふくしま統計情報 Box」（https://www.pref.fukushi-ma.lg.jp/sec/11045b/15832.html）。
復興庁（2019）「復興・創生期間」後における東日本大震災からの復興の基本方針」（http://www.reconstruction.go.jp/topics/main-cat12/sub-cat12-1/201912191-63929.html）。
復興庁・経済産業省・福島県（2019）「福島イノベーション・コースト構想を基軸とした産業発展の青写

真」。

自由民主党，公明党（2019）「東日本大震災復興加速化のための第 8 次提言─新たな復興の道筋について─」。

厚生労働省（2019）『生産性向上の事例集─最低賃金の引上げに向けて─』。

国土交通省（2012）『国土交通白書』（平成 23 年度版）。

斎藤誠（2015）『震災復興の政治経済学』日本評論社。

下畑浩二（2019）「飯田下伊那地域の航空宇宙産業の域内連携の展開」中瀬哲史・田口直樹編著『環境統合型生産システムと地域創生』第 13 章，文眞堂。

第2章

近江商人の伝統を受け継ぐ滋賀県企業の現状と展望

中井　誠

> 🔑 キーワード：●近江商人企業　●三方よし　●経営理念　●CSR（企業の社会的責任）活動　●SDGs（持続可能な開発目標）

はじめに

　2019 年 10 月から放送が始まった NHK の朝の連続ドラマ小説「スカーレット」では，陶芸の町である滋賀県の信楽が舞台となった。更に，2020 年の大河ドラマ「麒麟がくる」でも明智光秀のゆかりの地である滋賀県の坂本や比叡山が取り上げられるなど，近江の国である滋賀県に注目が集まっている。

　本章では，滋賀県の企業に焦点を当てて，いかに地域に密着した経営戦略が採用されているかを検証する。まず，第 1 節では，近江商人企業としての滋賀県企業に注目し，近江商人企業の定義を整理する。第 2 節において，滋賀県を代表する上場企業とそのビジネスモデルを紹介する。第 3 節では，滋賀県の広大な自然を利用して，地域に根付いた経営を行い，そのうえで全国展開している和菓子製造企業 2 社の経営戦略について考察する。第 4 節では，和菓子のイメージについての若者からのアンケートに基づき，その結果を踏まえ，紹介した和菓子製造企業がどのような対応策を講じているかを考察している。最後に，第 5 節では，和菓子製造企業の将来性を，経営戦略や経営哲学の側面から模索する。

第 1 節　滋賀県の企業と近江商人

　滋賀県は近江商人発祥の地としても有名である。近江商人企業は，京都や大阪など滋賀県から外へ出て行って大きく育ったが，一方で近江の国にとどまり地域活動の中で育つことで滋賀県の発展に貢献した企業も存在する。

　「近江商人の拠点と言えば，日野，近江八幡，高島，五個荘，豊郷などであるが，近江の国，つまり滋賀県内で育った企業はすべて近江商人企業と定義しても良い」（童門 2012，22 頁）ので，本章では，滋賀県内で事業を営んでいる企業を近江商人企業と位置づけ，これらの企業の特徴を模索したい。

　近江商人で有名なのは，「三方よし」の経営理念である。売り手よし・買い手よし・世間よしの「三方よし」の概念は，近江商人の到達した普遍的な経営理念を簡単に示すためのシンボル的標語として用いられている。「三方よし」には，商取引においてその当事者である売り手と買い手だけでなく，売り手と買い手の取引を通じて，社会全体の幸福につながるような取引でなければ意味がない（末永 2017，14 頁）。

　近江商人は，地元の近江を活動の場とするのではなく，近江国外で活躍し，原材料の移入と完成品の移出を手掛け，現在の日本の経済と経営を先取りするような大きなスケールを持った商人たちであったと言われている（末永 2017，70 頁）。近江商人企業として有名なのは，関西系総合商社である伊藤忠商事，丸紅，江商（現兼松）などである。このほか，東洋紡や日本生命保険などもその発祥が滋賀県であったことから近江商人企業と位置付けられている。日本を代表する近江商人企業の多くは，近江の国である滋賀県を飛び出して，東京，大阪，京都などで発展した会社であると言っても過言ではない。滋賀県は，現在でこそ人口 140 万人を超える中堅都市になっているものの，昭和 5 年当時の人口は 66 万人程度，日本経済が成長した 1970 年代でも約 90 万人と県内だけでは，大きな需要を見込むことが出来なかった。そこで，有名大企業においては，滋賀県を飛び出し，より一層のビジネスチャンスを求めて県外，ひいては国外へとビジネスを拡大していった。しかし，近年においては，滋賀県内にとどまり，県内の広大な自然を利用して，地域に密着した事業活動を展開する企業に注目が集まっている。

第2節　滋賀県を代表する上場企業

　ここでは，現在においても滋賀県に留まり，滋賀県に本社を置く上場企業10社に焦点を当て，それらの企業の経営理念やCSR（企業の社会的責任）活動などから，いかに地域に根差した経営を展開しているかを考察したい[1]。

　三東工業社は滋賀県の栗東市に本社を置く，1954年に設立された土木，建築を主たる業務とする企業である。当社の売上高の8割強が滋賀県内という滋賀県に軸足を置いた企業である。地域貢献活動の一環として，当社は青少年の健全な育成を，野球を通して育む事を目指し，湖南地域の少年野球大会を主催している。また，滋賀県女性活躍推進企業として，女性の積極的な活躍を支援している。

　アテクトの本社はかつて大阪府東大阪市にあった。しかし，創業の地である大阪を離れ2017年4月に滋賀県東近江市に新本社工場を建設，『新たな創業』に向けてスタートしている。滋賀県企業としての歴史は浅いものの，滋賀県に根付いた事業展開を目指して経営がなされている。

　タカラバイオは宝酒造で有名な宝ホールディングスの子会社で，滋賀県草津市に本社を置くバイオ産業支援事業と遺伝子医療事業を営む企業である。遺伝子治療などの革新的なバイオ技術の開発を通じて，地域の人々の健康に貢献している。

表2-1　滋賀県に本社を置く上場企業一覧

会社名	本社所在地	上場区分	上場年月	直近の売上	直近の純利益	時価総額
三東工業社	栗東市	ジャスダック	1995年3月	5,500百万円	55百万円	15.7億円
アテクト	東近江市	ジャスダック	2006年6月	2,955百万円	127百万円	74.3億円
タカラバイオ	草津市	東京1部	2004年12月	35,841百万円	3,657百万円	2,631億円
日本電気硝子	大津市	東京1部	1973年4月	300,326百万円	15,199百万円	2,380億円
メタルアート	草津市	東京2部	1962年11月	32,077百万円	799百万円	43.9億円
フジテック	彦根市	東京1部	1963年5月	170,759百万円	9,220百万円	1,528億円
川重冷熱工業	草津市	ジャスダック	1990年2月	17,864百万円	413百万円	139億円
オプテックス	大津市	東京1部	1991年7月	40,113百万円	3,775百万円	604億円
平和堂	彦根市	東京1部	1981年10月	437,636百万円	8,585百万円	1,240億円
滋賀銀行	大津市	東京1部	1977年10月	98,558百万円	14,681百万円	1,427億円

（出所）　会社四季報，表の数値はすべて会社四季報2020年1集の情報による。

　日本電気硝子は滋賀県大津市に本社を置く，1944 年に設立された薄型パネル用ガラスの大手企業である。テレビやパソコンなどの薄型パネルディスプレイ用（FPD）ガラスやスマートフォン向けの化学強化専用ガラスなどを手掛ける。地域貢献としては，琵琶湖での外来魚駆除釣り大会，大津地域の人々を招いての納涼祭，電気硝子（Korea）地域老人会との交流などを行っている。

　メタルアートは，ダイハツ工業が30％以上株式を保有するダイハツ工業の関連会社で 2016 年 5 月に創業 100 周年を迎えた歴史のある企業である。エンジン部品であるクランクシャフトやコネクティングロッド，トランスミッションギアなど自動車部品をダイハツの他，トヨタにも納入している。

　フジテックは彦根市に本社を置くエレベータ・エスカレータ・動く歩道を取り扱う都市空間移動システムの専業メーカーである。当社は行動ビジョンとして，① グローバル標準機種の拡販と収益の向上，② 企業成長と企業価値を高める技術基盤の強化，③ 顧客ニーズの変化・スピードに対応したプロセス革新，④ 経営品質の向上，⑤ SDGs（持続可能な開発目標）への取組みを挙げている。

　川重冷熱工業は，川崎重工業の子会社で，草津市に本社を置く空調設備とボイラーの老舗企業である。工場での生産活動，製品の提供において，川崎重工業グループの「環境ビジョン 2020」及び当社の経営理念に基づき，工場並びに地域の環境保全はもとより，地球環境を健全な状態で次世代に引継ぐことを目指して，企業活動のあらゆる面で，安全衛生・品質保証も念頭において，環境保全活動を進めている。

　オプテックスは，各種センサーの企画・製造，販売などを行う大津市に本社を置く企業である。設立は 1979 年で，2017 年 1 月 1 日よりオプテックスグループの一員として事業をスタートしている。独自のセンシング技術を発展させ，安全・安心・快適な生活環境の創造に社業を通じて貢献するという経営方針のもと，新たな経済的・社会的価値を生み出し続けていくことを目指している。

　平和堂は，1957 年に設立された彦根市に本社を置く，滋賀県で圧倒的なシェアを誇る食料品・衣料品・住居関連品等のスーパーである。現在店舗は 154 店舗で，滋賀県の 75 店舗に加えて，福井県に 6 店舗，石川県に 7 店舗，富山県に 2 店舗，京都府に 18 店舗，大阪に 21 店舗，兵庫県に 3 店舗，岐阜県に 7 店舗，愛知県に 15 店舗と，東海や北陸に多くの店舗を構える。2012 年には滋賀県東近江市にて「平和の森・東近江」における琵琶湖森林づくりパートナー協定を締結，2014 年

には滋賀県の緑化推進活動「平和の緑づくり」をスタート，2016 年には滋賀県守山地球市民の森の活動に対して滋賀県から感謝状を受領している。

　滋賀銀行は，滋賀県大津市に本店を置く，滋賀県内の融資シェアが 4 割を超える地方銀行である。琵琶湖浄化などの環境関連の法人融資にも熱心に取り組んでおり，近江商人の「三方よし」の精神を継承した行是「自分にきびしく　人には親切　社会につくす」を CSR の原点とし，社会の一員として「共存共栄」を実現している。また，滋賀銀行は，2018 年 12 月 21 日に，安倍内閣総理大臣を本部長とする SDGs 推進本部から，特別賞「SDGs パートナーシップ賞」を受賞している。これは全国の金融機関として初めての受賞である。

　これら滋賀県に本社を置く上場企業は，滋賀県内に本社を置くメリットをどのように考えているのか，それは会社によって様々である。ただ，滋賀県に根を下ろし，県外さらには海外にまで事業を展開させているという点においては，近江商人企業であるといえるのではないだろうか。滋賀県は 2019 年 7 月に「SDGs 未来都市」に選定され，SDGs の目標 9 である環境保護に配慮した技術や製品開発に貢献している。さらに SDGs の目標 12 である食品ロス半減目標にも県自らが取り組んでおり，これら「滋賀県の SDGs アクション」は滋賀県に本社を置く企業の発展を後押ししていると言えよう。

第 3 節　近江商人の地で成長を続ける伝統的な和菓子製造企業

　ここでは，滋賀県の素晴らしい環境と豊かな大地を商売にうまく取り入れつつ，和菓子を製造している企業 2 社に焦点を当てる。和菓子と言えば，滋賀の隣の京都に多くの老舗和菓子店が存在する。しかし，あえて近江商人の哲学を経営の基本としている滋賀の和菓子店に焦点を当てる。これらの企業のケーススタディを通じて，ここで紹介する 2 社が滋賀県の自然をうまく利用して成長し続ける地域密着型企業であり，さらに，近江商人企業としていかに地域社会に貢献しているかを考察する。

1．たねや

　滋賀県を代表する和菓子屋としては，「ラ　コリーナ近江八幡」に年間300万人

が訪れる和菓子製造販売のたねやは，あまりにも有名である（写真はラ　コリーナの入り口と広大な敷地（筆者撮影））。株式会社たねやは，明治5年創業の老舗で，現在の資本金は9,000万円，2020年2月現在，代表取締役社長は山本昌仁氏が務める。2017年の売上は200億円を超え，約2,000人のスタッフを抱え，そのうち正社員が1,100人強である[2]。

たねやは，1984年に東京進出を果たしている。同年4月に東京営業所を開設し，6月には県外で初めてのデパート出店として日本橋三越店（和菓子）を，11月には銀座三越店をオープンさせている。東京進出第一号店として，日本橋三越にこだわったのは，江戸時代に近江八幡の八幡商人等，多くの近江商人が日本橋に店を開くなど，日本橋は近江商人と非常に縁の深い町だったからとのことである（山本 2018，36-37頁）。

たねやは，和菓子が有名だが，洋菓子の製造・販売にも力を入れており，バームクーヘンの「クラブハリエ」は全国で展開されているほか，イタリア菓子専門店「ソルレヴァンテ」，フランス菓子専門店「オクシタニアル」，洋菓子道具専門店「ボンヌ　シャンス」も展開している。たねやの洋菓子といえば，長い間，バームクーヘンとリーフパイであったが，1995年にボン・ハリエからクラブハリエに会社名を変更し，洋菓子の品揃えに注力するようになる。株式会社クラブハリエは，山本隆夫氏が代表取締役社長を務める。

2000年8月には，滋賀大学と「たねや近江商人研究室」を発足させ，同時に滋賀県立大学のレンタルラボ内に「たねや食環境研究室」を発足させるなど，滋賀大学・滋賀県立大学とそれぞれ産学共同研究を開始した。また，滋賀県にまつわる資料を集めた「たねや近江文庫」を設立している[3]。

たねやの看板商品である「ふくみ天平」は，近江商人が行商の際，両端に荷物をかけて担いで運ぶ棒である天秤棒から考案された和菓子とのことである。1984年に誕生した「ふくみ天平」は，焼きたての芳ばしい最中種に，みずみずしい餡を挟んで食べるという職人だけが知っていた最中の本来の味わい方を，世の中に広めたいとの思いがこめられている。現在においても，たねやの和菓子を代表する銘菓として多くの和菓子ファンから支持されている（山本 2018，55頁）。

天秤棒は，たねやの経営理念にも含まれている。たねやのホームページ（経営理念）によれば，たねやは，「天秤棒」「黄熟行（あきない）」「商魂」の3つを経営理念として掲げている。近江商人たちが最も大切にしてきたものは，長い行商

（出所）写真はラ　コリーナの入り口，案内図，敷地内にあるショップ（筆者撮影）。

図2-1　近江八幡にある「たねやのラ　コリーナ」

の間，片時も放さなかった天秤棒で，それがそのまま商いの道に通じたとある。さらに，近江商人は行商を人の道と心得て長い旅を重ねてきたことで，それが人間性を磨くことに繋がったのである[4]。たねやのお菓子はこのような人間性を磨くことを通じて作られたお菓子であり，顧客に誠意をもってお届けするという考え方がその根底にある。たねやは，1999年からネット通販を開始するなどIT社会への対応も早く，2001年に経済産業省「平成13年度情報化促進貢献情報処理システム表彰」「情報化月間推進会議議長表彰」と「関西IT活用企業百撰」最優秀賞を受賞している。

2.　叶　匠壽庵

　株式会社　叶　匠壽庵（かのう　しょうじゅあん）は，滋賀県大津市に本社を置く日本の和菓子製造業者である。1958年に大津市に勤める公務員だった芝田清次氏が，茶道を学んだ自らの経験を生かし，自宅を工場にして和菓子の製造・販

売を行う「叶　匠壽庵」を創業した。

同社のホームページによると，現在の資本金は 7,980 万円，事業所数は全国で 70 店舗，売上は 65 億円，従業員数は 620 名を数える。1973 年 11 月には，阪急百貨店梅田本店に百貨店 1 号店を出店，1979 年には西武百貨店池袋店に関東 1 号店を出店している[5]。

社名には「お客様のお口に十分叶うよう，練り上げた手作りの芸の持ち味を発揮して，いつまでも末永くお歓び頂ける様な和菓子を創りだしていこうと心掛けていく，地味でつつましい菓匠」という意味が込められている[6]。芝田清次氏は，創業当初において 8 人の菓子職人を雇っていたものの，職人は他人が育てたので自分の理念が伝わらないという考えから職人たちを解雇し，独自の菓子作りを模索し始める。その後，大津の和菓子屋が京都でも認められるようになり，近江商人企業である伊藤忠商事の越後社長のバックアップもあり，後発でありながら，滋賀県はもとより関西全域に勢力を伸ばしていった。

1982 年には芝田清次氏の次男である芝田清邦氏が代表取締役社長に就任し，琵琶湖から唯一流れ出る瀬田川のほとり，6 万 3 千坪の丘陵地「寿長生（すない）の郷」を 1985 年にオープンさせる。ホームページによれば，寿長生とは，井戸のつるべ（桶）を引き上げる縄を意味する豊国の言葉（古代の言葉）で，郷を訪れた人々に，活力を汲み上げて貰いたいという思いから名付けたとのことである。ここで梅や柚子などおよそ 800 種類の植物を植え，農工一体の菓子づくりを目指した。この広大な敷地に，本社，菓子工場，茶席，川床テラスカフェ，食事処，イベントホール，売店などが併設されている。また，毎年 3 月の梅の開花シーズンには「梅まつり」，秋には「秋の菓子まつり」が開催され，更には，陶芸，農業体験，菓子作りなどの教室も開かれている。

丹精込めて炊き上げた小豆と，やわらかな求肥を合わせた極上の棹菓子豆である「あも」は，1971 年から今日まで 50 年近く愛されている同社を代表する主力商品である。このほか，近江羽二重餅粉を使用して極上の求肥の餅に仕上げ，上質のきな粉でさらに焙煎した香り高い黒須きな粉をまぶした「閼伽井（あかい）」，ほっくり炊き上げた栗を，極上の大納言小豆の餡で包んだ「一壺天」，歴史と伝統を受け継ぐ大津市大石の地の代表的な和菓子としての「大石最中」など，数多くの和菓子を展開している。

2012 年には芝田冬樹氏が代表取締役社長に就任，2015 年には北海道札幌に出

（出所）　船場経済倶楽部早朝講演会資料による。

図 2-2　叶　匠寿庵の本社がある寿長生の郷

店，2016 年には東京ガーデンテラス紀尾井町に直営店舗を，2017 年には東京営業
所併設の恵比寿店，2017 年には寿長生の郷に「Bakery & Café 「野坐」」をオー
プンさせている。

　全国菓子大博覧会において，第 18 回（1973 年）・23 回（1998 年）に高松宮名
誉総裁賞，23 回・24 回（2002 年）に工芸大賞，25 回（2008 年）に農林水産大臣
賞，2017 年には第 27 回全国菓子大博覧会　農林水産大臣賞（工芸菓子「御花献
上」）を受賞している。

第 4 節　アンケート調査から得られた和菓子に対するイメージ

　たねやは早い段階で和菓子店から洋菓子に舵を切ることで，歴史のある老舗企
業であるにもかかわらず，若者からも圧倒的な支持を得ている。これに対して，
叶　匠寿庵は，あくまでも和菓子にこだわりながら，和菓子を軸に新しい商品開
発に注力している[7]。

　和菓子に対するイメージは，年齢によって大きく異なる。たねやの CEO（最高経営責任者）で創業家の十代目である山本昌仁氏は 1969 年生まれ，叶　匠壽庵の三代目社長である芝田冬樹氏は，1964 年生まれである。

　1960 年代生まれの両氏は，まだ幼い頃に和菓子を食べて育った世代である。しかし，現在の若者で，和菓子を好んで食べる人は少なく，洋菓子か和菓子かと言えば，和菓子を選択する若い人は少ない。これらは，若者を中心に実施したアンケート調査の結果からも窺うことが出来る。このような近年における若者の嗜好や和菓子に対するイメージの変化に対応すべく，両社とも和菓子だけでは将来的に生き残れないことを強く認識し，あくまでも和菓子を商品の中心に添えながら，洋菓子についても積極的な展開を行っている。

　表 2-2 は 20 代の学生 201 名を対象に実施したアンケートの結果である。実施時期は 2019 年 12 月で，168 名（男性 78 名，女性 90 名）から有効回答を得た[8]。表2-2 にある質問に加えて，知っているお菓子（洋菓子と和菓子）の名前についても追加項目として質問した。

　質問 ① の洋菓子より和菓子の方が好きだと回答した若者は，168 名中わずか40 名であった。このうち，25 名が男性，残りの 15 名が女性であった。洋菓子より和菓子が好きな若者は，男性の 32.1%，女性の 16.7% に過ぎなかった。

　質問 ② では，和菓子で有名な会社名或いは商品名が思い浮かぶか否かを聞いたが，回答者の半数以上が和菓子を製造している会社名が浮かばないと回答して

表 2-2　お菓子に関するアンケートの結果

アンケートの質問内容	回答数	比率
① 洋菓子（ケーキなど）より和菓子の方が好きだ。	40/168	23.8%
② 和菓子で有名な会社のブランド名（会社名）を言える。	82/168	48.8%
③ 洋菓子で有名な会社のブランド名（会社名）を言える。	115/168	68.5%
④ 将来，和菓子を食べる機会が増えると思う。	104/168	61.9%
⑤ 喫茶店等でケーキセットを食べたことがある。	119/168	70.8%
⑥ 和菓子のチェーン店等で，あんみつを食べたことがある。	44/168	26.2%
⑦ 将来，お店を持つとしたら和菓子屋より洋菓子屋だ。	136/168	97.0%
⑧ 和菓子は洋菓子よりも体に良いというイメージがある。	116/168	69.0%
⑨ 和菓子はお年寄り（老人）の食べ物だ。	73/168	43.5%
⑩ 貰ってうれしいのは，和菓子より洋菓子の方だ。	128/168	76.2%

　（出所）　アンケート調査の結果を踏まえて筆者作成。

いる。質問 ② では，「はい」と回答した82名には，知っているブランド名または会社名を明記させたが，一番多かったのは赤福で，82名全員が赤福の名前を挙げた。駅のホームにあるコンビニ等でも販売されていることから，その知名度は一番高かったと推測される。その次に多かったのが，八つ橋で76名が会社名を書いていた。以下，御座候が21名，甘党まえだが12名，千鳥屋と茜丸が5名，羊かんの虎屋が3名，月化粧とたねやが各々2名，鏡月とあも（叶　匠寿庵）が各々1名であった。

　これに対して，質問 ③ で問うた洋菓子を製造している会社の名前を言える人は115名で68.5%であった。ロールケーキ，チーズケーキ，チョコレートなど洋菓子で有名なブランドと企業名は殆どの回答者は知っていた。特に，りくろーおじさんのチーズケーキやGODIVAのチョコレートなどの知名度はかなり高かった。次いで堂島ロール，モロゾフなどの回答も多かった。ただ，若者の中には甘いものは食べないという回答者もいて，お菓子のブランドや会社に全く興味を示さない者もいたことも事実である。

　質問 ④ の将来，和菓子を食べる機会が増えると思うという問いに対して，そう思うと回答した人は104名で全体の61.9%であった。若者が年を重ねるに連れて和菓子を好むようになると，単純に判断するのは，危険であると推測される。

　質問 ⑤ と質問 ⑥ では，非常に興味深い結果が得られた。ケーキセットを食べたことがある人の割合は70.8%であるのに対して，あんみつを食べたことがある人の割合は僅か26.2%と低かった。また，若者は和菓子よりも洋菓子の方に，よりお洒落なイメージを抱いているのか，質問 ⑦ では97%がお店を持つとしたら洋菓子店だと回答している。

　質問 ⑧ の和菓子が洋菓子より体に良いというイメージがあると答えた人は全体の69%で，ケーキなどの洋菓子よりも和菓子の方が甘みも抑えられており砂糖が少ないという印象が強いとの回答も多かった。

　質問 ⑨ については，和菓子はお年寄りの食べ物であると回答した人は43.5%で，和菓子はお年寄りの食べ物であると思っている若者は意外と少ないということが分かった。

　最後の質問 ⑩ については，興味深い結果となった。貰ってうれしいのは洋菓子であると回答した人の割合は，76.2%と非常に高かった。贈答品として50代以上の人たちが思い浮かべるお菓子と言えば，虎屋の羊かんや空也の最中などの和

菓子であると思われるが，若者はチョコレートやクッキーなどの詰め合わせの方が嬉しいと思っているらしい。

　和菓子か洋菓子かという問いに限らず，人間の味覚は時を経るに連れて変化していくものである。同一人物であっても，若い時の味覚と年齢を重ねてからの味覚は異なる。このような消費者の味覚に対する変化に対応しながら，ここで紹介した両社は，お菓子の味覚も味わいも，時の経過とともに少しずつ変えてきている。顧客ニーズを把握するという意味では，たねやも叶　匠寿庵も，甘みや舌の感覚などの面で，お菓子の味を少しずつ変えることで，市場のニーズに対応してきたのである。戦後の和菓子は砂糖が多くかなり甘かったが，今では砂糖を控えめにすることで，人に優しい味を提供するなど，和菓子作りで培った伝統を残しながらも，味や食感を微妙に変化させてきた。

　山本（2018）は，「伝統とは続けることで，続けるためには時を経るに連れて変化する顧客が求める味や嗜好の変化に合わせていくしかない，伝統を守るということは変えることだ」と主張している（253 頁）。和菓子も洋菓子も伝統を守りながら，顧客のニーズに合わせて味の変化を重ね，長い間愛されるお菓子を作っていくことが何よりも大切なことなのである。

第 5 節　生き残りをかけた和菓子製造企業の経営戦略と将来像

　滋賀県を代表する和菓子製造企業である「たねや」と「叶　匠寿庵」を考察した結果，得られた結論は，自然との共生を通じて，滋賀県で作るオリジナリティの高いモノづくりの精神である。

　たねやのラ　コリーナは，甲子園球場 3 つ分という広大な敷地の大半が自然である。たねやは，この広大な敷地を有効利用して，地域とのつながりを強化し，地域創生に積極的に取り組んでいる。田んぼがあり，村があり，お祭りがあるというフレーズで，「たねや SDGs 宣言」の中で，「農」と「地域のつながり」を主張する。お菓子の素材は自然の恵みであり，美味しいお菓子は素材から作られるということで，SDGs の目標 3（あらゆる年齢のすべての人々の健康的な生活を確保し，福祉を促進する）と目標 12（持続可能な生産消費形態を確保する）を目指した経営を行っている。さらには，近江の美しい自然とともに暮らし，田植え体

験などを通じて学びの機会を提供するなど，SDGsの目標4（すべての人に質の高い教育を確保する）で小学生の学びの場としてのラ　コリーナの活用を行うとともに，SDGsの目標11（持続可能な都市および人間居住の実現），目標12（持続可能な生産消費形態を確保する），目標15（生態系の保護，回復，利用の促進）などを目指した活動も行う。女性の社会進出にも積極的で，女性の活躍と働き方について，2019年12月に「女性が輝く先進企業表彰」において，「内閣府特命担当大臣（男女共同参画表彰）」を受賞している。

　叶　匠壽庵は，6万3千坪もある寿長生の郷（すないのさと）の里山で，自然と共生したモノづくりを行い，全ての作業をこの里山で行っている。先にも述べたが，これを農工ひとつのモノづくりと呼んでいる。両社とも広大な近江の土地と自然を生かして，地域創生に積極的に取り組んでいるといえよう。取引先や地域社会との関係を重視した経営理念を持つこれらの企業が，SDGsの考え方を積極的に経営に取り入れることで，自社の強みが地域の抱える課題解決に貢献できるのである（牧野 2019, 2-3頁）。

　SDGsについては，大企業の多くは積極的に経営に取り入れているものの，中堅・中小企業ではその認知度も決して高くない[9]。しかし，叶　匠壽庵やたねやの経営者のようにSDGsに加えて，地域に密着した経営理念を積極的に取り入れることで，地域社会の発展や中小企業がこれまでに抱えてきた諸問題を解決できると思われる。

おわりに

　滋賀県に根を下ろし，地域と密着して，伝統を守り続けながら，新たなビジネスモデルにチャレンジしている企業を紹介した。それぞれの企業が，近江商人の哲学やSDGsを各々の経営戦略に一体化させた事業を展開している。

　末永の指摘にあるように，SDGsやCSRの考え方は，営業活動における社会認識の重要性を強調した近江商人の経営理念である「三方よし」の思想そのものである。「三方よし」は，さらに，顧客満足を高め，社会的責任を果たし，社会貢献を促すことに繋がり，これはまさに現代経営の思想であるとのことである（末永 2017, 21-25頁）。現在，日本のみならず，世界中で取り組まれている地方創生

SDGs は，まさに近江商人の理念そのものである。また，近江商人企業だけでなく，日本全体，さらには世界全体で近江商人の「三方よし」の考え方を実践することで，企業の経営戦略上の課題や解決策が見えてくるのではないだろうか。

[注]
1)　ここで紹介した会社の情報は，会社四季報及び各々の会社のホームページから得たものである。（参考 Web Site，2019 年 11 月 22 日閲覧）
　　　株式会社三東工業社　http://www.santo.co.jp/index.html
　　　株式会社アテクト　https://www.atect.co.jp/
　　　タカラバイオ株式会社　http://www.takara-bio.co.jp/
　　　日本電気硝子株式会社　https://www.neg.co.jp/
　　　株式会社メタルアート　https://www.metalart.co.jp/
　　　フジテック株式会社　http://www.fujitec.co.jp/
　　　川重冷熱工業株式会社　https://www.khi.co.jp/corp/kte/index.php
　　　オプテックス株式会社　https://www.optex.co.jp/
　　　株式会社平和堂　https://www.heiwado.jp/
　　　株式会社滋賀銀行　https://www.shigagin.com/about/
2)　たねやは江戸時代に近江八幡で材木商を生業とした家系で，のちに近江国蒲生郡八幡池田町で，穀物類・根菜類の種子を商う「種屋」を創業した。1872 年（明治 5 年），7 代目山本久吉が京都の和菓子店「亀末」で修行を積み，栗饅頭と最中を製造販売する和菓子屋に転じ，屋号を「種家末廣」とした（のち「種家」に改称）。現在の社長である山本昌仁氏はたねや創業家の 10 代目（菓子屋としては 4 代目）である。たねやの情報は，山本昌仁氏の著書（20-21 頁）に詳しい。
3)　たねやホームページ「たねやのあゆみ」による。https://taneya.jp/group/company/history_taneya.html（2019 年 12 月 3 日閲覧）
4)　たねやホームページ「経営理念」による。https://taneya.jp/group/company/philosophy.html（2019 年 12 月 3 日閲覧）
5)　叶　匠壽庵の情報は，ホームページ：https://www.kanou.com/corporate の会社案内（2020 年 2 月 28 日閲覧），および，船場経済倶楽部　早朝講演会，芝田冬樹現社長の講演（2019 年 9 月 12 日）からの情報及び配布された叶　匠壽庵パンフレット等による。
6)　菓業食品新聞，「梅まつり　叶　匠壽庵，寿長生の郷」，2016/03/25『産経新聞』，「滋賀発　元気印　叶匠壽庵　"農工一体"の郷から和菓子文化発信」，2013.11.21.『SankeiBiz』。
7)　叶　匠壽庵においても，芝田冬樹社長のもと，2017 年に寿長生の郷に里山の景色を見ながら，パンを食べることが出来る「Bakery & Café「野坐」」をオープンさせるなど，洋菓子にも力を入れ始めている。
8)　アンケートは 2019 年 12 月 10 日，11 日，23 日の 3 日間にわたって実施した。12 月 10 日と 11 日は四天王寺大学の学生（ビジネス英語Ⅱの受講者 65 名とファイナンス概論の受講者 89 名）を，12 月 23 日は阪南大学の学生（財務会計システム論の受講者 47 名）を対象に実施した。アンケートは合計で 201 枚回収したが，そのうち有効回答は 168 名（男性 78 名，女性 90 名）であった。
9)　2018 年 12 月に公開された関東経済産業局の調査では，SDGs に対応・検討している中小企業の比率は 2% と報告されている。

[参考文献]
生田孝史（2020）「SDGs 実施指針の改定と SDGs 関連施策の強化」『富士通総研』1 月 31 日。https://www.fujitsu.com/jp/group/fri/knowledge/newsletter/2020/no20-005.html（2020 年 1 月 24 日閲覧）

商工総合研究所編（2020）『中小企業経営に生かす CSR・SDGs～持続可能な調達の潮流と CSR 経営～』一般社団法人 商工総合研究所。

末永國紀（2011）『近江商人 三方よし経営に学ぶ』ミネルヴァ書房。

末永國紀（2017）『近江商人哲学入門～CSR の源流「三方よし」』淡海文庫 31，サンライズ出版。

童門冬二（2012）『近江商人のビジネス哲学』サンライズ出版。

樋口邦史編（2019）『SDGs の主流化と実践による地域創生』水曜社。

藤野洋（2017）「コーポレートガバナンスと中小企業～中小企業の生産性向上を促す「攻めのガバナンス」」『商工金融』12 月号。

藤野洋（2018）「CSR（企業の社会的責任）・SDGs（持続可能な開発目標）と中小企業～ケーススタディにみる持続可能な調達とマルチステークホルダー・アプローチ」『商工金融』12 月号。

牧野正敏（2019）「中小企業こそ SDGs 経営を」『大和総研調査季報』秋季号。

山本昌仁（2018）『近江商人の哲学「たねや」に学ぶ商いの基本』講談社現代新書。

第3章

国内にモノづくりを残すための取り組み事例
——菅公学生服における顧客との価値共創——

江　　向華

🔑 キーワード：●モノづくり　●顧客との価値共創　● 4C アプローチ　●文脈
　　　　　　　価値

はじめに

　AI や，ロボット，ビッグデータなどイノベーションの急速的な発展を特徴とする第4次産業革命を背景に，21 世紀の今日は，20 世紀の「工業社会」から「サービス社会」[1] に転換しつつある。そのため，日本の製造業もモノづくり産業からソリューション・サービス産業に劇的に変化してきた。それを具体的に示唆する資料がある。経済産業省が公表した『2019 年版ものづくり白書』である。それによると，製品（モノ）を通じたサービスの提供は以前よりも容易になっており，製造業においてサービスの提供を行う動きも本格化しつつある。

　また，現在日本では急速な少子高齢化が進んでおり，産業の衰退が顕著になり，特に労働力不足が深刻な繊維産業やアパレル産業の製造拠点も東南・南アジアへシフトしてきた。

　したがって，このような環境の変化に対応し，日本の製造業は生き残るために新たな取組みを考え直す必要がある。上述した背景に基づき，本章の目的は，岡山県の繊維産業の歴史とともに業界トップクラスのシェアを持続的に獲得してきた菅公学生服株式会社（以下菅公学生服と略記）を事例として，「一見変わらないように見えて，顧客の声をよく反映した製品」を開発し製造販売する地域企業は，環境の変化があったにもかかわらず，生き残るためにどのような取り組みを

してきたかを明らかにすることである。

第1節　学生服業界と菅公学生服の概要と沿革

　日本における学生服の歴史は長い。江・亀岡（2018）によると，明治6〜7年頃（1872〜1873年頃）に工部省工学寮（のちに東京大学に合併）や札幌農学校（北海道大学の前身）で洋装学校制服が採用されたのが日本で初めての学校制服であり，その後，女子にも洋装の制服が誕生し，男子は詰襟の制服，女子はセーラー服が普及する。だが，以前に比べて，現在学生服のデザインは多種多様であり，「洗いやすい」，「動きやすい」など生地の技術開発が進み，学生服の寿命も延びた。

　一方，「少子化社会」の日本では，学生服業界の市場規模が年々縮小傾向にある。その中で，表3-1で示すように，日本の大手学生服メーカーのトップ10社のうち，岡山県に本社を置く学生服メーカーは5社を占めており，その総売上高も国内市場の7割近くを占めている。江・亀岡（2018）によると，学生服業界は岡山を代表する地域産業であり，江戸時代に，岡山県南部の瀬戸内海に面した児島半島は干拓により新田が進められた。しかし，塩気が残り，米作には適さなかった。そこで，塩気に強い綿花栽培が行われるようになった。このことが繊維産業の形成と繁栄につながった。

　本章の研究対象である菅公学生服は，1854年尾崎邦蔵が岡山県の児島田ノ口地区で綿糸卸業を創業したことに始まる。大正時代に洋装化が進み，足袋等の需要が減り，多くの足袋生産者が学生服製造に着手したため，尾崎邦蔵も学生服製造に着手し，製織から縫製までの一貫生産を開始した。昭和に入ると，「菅原道真公」にちなみ，「菅公」という商標による学生服の販売を開始し，ナイロンやテトロン学生服の製造販売を開始した。平成に入ると，子会社を設立し，本社を岡山市内に移転し，社名を「尾崎商事」から「菅公学生服」に変更した。このように，菅公学生服は岡山県の繊維産業の歴史とともに発展してきたのである。

　一方，学生服業界は70年代から続く少子化による市場規模の縮小により，大手3社への産業集中が進んできた[2]。少子化が引き起こした市場規模の減少問題を解決するために，菅公学生服は他社と同じく，学生服の生地に関連する技術の向上に

表 3-1　学校制服業界の上位企業別の市場シェア[3]

(2007-2013)

社名	本社所在地	シェア（%）						
		2007	2008	2009	2010	2011	2012	2013
尾崎商事㈱（2013 年より菅公学生服㈱に改名）	岡山県岡山市	30.2	30.1	28.5	28.8	29.3	29.8	29.6
㈱トンボ	岡山県岡山市	17.2	17.7	17.3	17.5	18.0	19.1	19.2
明石被服興業㈱	岡山県倉敷市	16.7	16.9	17.3	18.4	19.0	20.1	20.1
瀧本㈱	大阪府東大阪市	9.6	10.2	9.6	9.4	9.0	9.2	8.9
児島㈱	岡山県倉敷市	2.7	2.6	2.5	2.6	2.7	2.7	2.7
中村被服㈱	山口県防府市	1.6	2.0	1.8	1.9	1.9	2.0	2.0
㈱イサミコーポレーション	埼玉県行田市	1.6	1.6	1.5	1.5	1.4	1.5	1.5
金原（キンパラ㈱）	静岡県磐田市	1.4	1.6	1.6	1.6	1.5	1.5	1.5
日本被服㈱	岡山県倉敷市	1.6	1.5	1.5			1.3	1.1
光和衣料㈱	埼玉県久喜市		1.6	1.6	1.3	1.3		
その他		17.6	14.4	16.8	17.2	15.9	12.7	13.5

（出所）　日本マーケットシェア事典，1995-2015；江・亀岡（2018）。

取り組んできた。その中で，アパレルの有名なブランドメーカーと提携などをしているが，「人づくり」，「学校づくり」という経営理念を一貫して重視し，教育ソリューション事業を立ち上げて顧客との価値共創に力を入れるなど他社とは際立った取り組みを行っている。本章では，菅公学生服の教育ソリューション事業を中心にインタビュー調査を実施し，当該事例企業の価値共創に基づいた取り組みについて考察する。

第2節　菅公学生服における顧客との価値共創

　本節では，菅公学生服における顧客との価値共創について考察を行う。そのため，まず，価値共創とは何かについて検討し，次に，本研究の分析のフレームワークを提示して菅公学生服における顧客との価値共創について分析を行う。

1.　経営学における共創の概念

　今日，価値共創という概念はマーケティング領域の概念として広く知られているが，共創概念の起源は，経営学における Prahalad and Ramaswamy（2000）のコンピタンスに関する議論に遡ることができる。今村（2015）によると，Prahalad and Ramaswamy がコンピタンス（能力）の源泉として顧客（消費者）を共創という視点から注目したのは 2000 年であり，S-D ロジック[4]における共創概念よりも古い。Prahalad and Ramaswamy の研究は顧客の変化に注目し，企業は価値創造のプロセスに顧客を巻き込むことを志向することで，新たな競争力の源泉になるとして，カスタマー・コンピタンスの概念を示したのである（今村 2015）。

　経営学領域の競争戦略論の分野では，企業が競争優位を獲得するためのアプローチの 1 つとして，資源アプローチ（Penrose 1959；Rumelt 1974；Rumelt 1984；Barney 1991）が企業内部の資源と競争優位の関連について長く議論されてきた。また，企業の経営資源だけではなく，企業が競争優位を獲得するために，資源を運用する能力（ダイナミック・ケイパビリティ）や，コア・コンピタンス（一般的に中核能力と訳される）経営論（Prahalad and Hamel 1990）が提起され，企業の高い業績と，企業内部の資源や能力との関係に着目している。その延長として，Prahalad and Ramaswamy の研究で共創という概念を提示したが，企業間における競争を前提にしており，マーケティング研究で提示された顧客との価値共創という共創の概念とは大きく異なる。

　また，経営学研究における新製品開発においては，LU 法（リード・ユーザー法，von Hippel 1986）と UD 法（User-driven method，小川 2006）を代表として，ユーザーとの共創はつとに議論されてきた。伝統的な新製品開発方法では，メーカー主動でイノベーションを行うものであるのに対して，LU 法と UD 法は積極的にユーザーを製品開発過程に巻き込もうとするため，ユーザーとの共創といえる。これらの研究も，企業間における競争を前提として，顧客を企業の生産プロセスに巻き込もうとするものである。その意味で，マーケティング領域の価値共創における顧客（消費者）との共創とは意味が大きく異なる。

2.　マーケティング研究における価値共創の概念と 4C アプローチ

　価値共創は，マーケティング研究のサービス・ドミナント・ロジック（Service

Dominant Logic：以下 S-D ロジックと略記）とサービス・ロジック（以下 S ロジックと略記），そして価値共創マーケティング（村松 2015）を中心に議論されている。S-D ロジックとは，Vargo and Lusch（2004）によって提示されたサービスを中心とした考え方である。S-D ロジックの中核になる重要な概念である価値共創とは，「メーカーは自身のナレッジ・スキルを生産に適用し，顧客は使用時に自身のナレッジ・スキルを適用することで価値が共創される」（Vargo, Maglio and Akaka 2008，p. 146）とされている。

　S-D ロジックにおいて，企業が顧客の消費プロセスに入り，顧客と一緒に価値共創していくと主張しているが，経営学の共創研究における企業の生産プロセスに顧客を巻き込むことや，新製品開発における参加型ユーザーとの共創とは大きく異なる。

　また，価値共創という概念はS ロジックにおける重要な概念の1 つでもある。S ロジックとは，ノルディック学派のアプローチであり，近年特にS-D ロジックとの対比で頻繁に議論されている。S ロジックにおける価値共創の概念は，顧客を価値創造者として捉え，顧客の消費プロセスにおいて企業と顧客が相互作用することで文脈価値[5]を生み出すことと捉えられる。そこでは企業と顧客は，サービスの与え手と受け手の関係にある。

　S-D ロジックとS ロジックを契機としてはじめられた価値共創マーケティング（村松 2015）では，顧客側に着眼しており，企業が消費プロセスに入り込み，顧客との直接的相互作用を通じて価値共創をすると主張しており，4C アプローチが提示された。

　つまり，価値共創は，顧客の消費プロセスで，企業と顧客との直接的相互作用を通じて行われる。そのため，顧客と直接的な相互作用をするために，まずは顧客と接点を持つことが重要である。4C アプローチは，こうした起点論をはじめとして，村松（2015）によって提示された。4C アプローチとは，Contact, Communication, Co-creation, value-in-Context の略称であり，顧客といかにして接点づくりをし，双方向のコミュニケーションを交わし，さらに顧客といかにして価値共創していくのかがポイントとなる。村松（2015）によると，企業はまず顧客と何らかの形で接点を持ってから，顧客と双方向のコミュニケーションを行い，価値共創を通じて顧客の文脈価値を創ることが重要になる。特に製造業は，通常は消費者との接点を持たないため，その中での接点作りが大切となる。

この 4C アプローチは，価値共創マーケティングの分析にも有用であり，その場合は，対象となる企業は，どのように顧客接点を作り，どのようなコミュニケーションをとり，どのような共創を行い，どのような文脈価値を生み出したかが分析される（村松 2017）。

　以上の観点から，本章では，この 4C アプローチを用いて菅公学生服と顧客との価値共創を分析する。

3. 4C アプローチに基づいた分析——顧客との価値共創はいかにあるべきか

(1) 調査概要

　本事例研究を進めるにあたり，主にインタビュー調査とデータ源を活用した。すなわち，半構造化インタビュー調査と資料である。それらの調査方法を採用した理由や，実施時期，インタビュー調査の対象者について説明する。

　本インタビュー調査は，菅公学生服のソリューション事業本部長に調査依頼し，2017 年 12 月 19 日に岡山市にある同事例企業の本社で行った。調査依頼の際に，あらかじめ大まかな質問項目を送付し，インタビュー内容の概要を把握してもらった。インタビュー調査は，事前に送付した質問項目に従って柔軟に行った。

　インタビュー調査は，菅公学生服の歴史から現場で顧客との価値共創のプロセスまで幅広い内容となった。インタビュー調査実施後に，録音した会話の文書化や，追加で記載内容のチェック，先方への確認を行い，調査内容の正確性を保つことにした。

　インタビュー調査は，当事者に創業の歴史や現場（消費プロセス）における価値共創等について知る有効な技法であるが，過去の企業内における意思決定のプロセス等を正確に把握するのが難しいため，文献資料と社内資料を補足資料として活用した。

(2) 4C アプローチに基づいた事例分析

　上述したように，4C アプローチとは，Contact, Communication, Co-creation, value-in-Context の略称であり，顧客との接点をいかにして持つかから始まるが，特に製造業では，いかにして顧客との接点を作り，そして，顧客の消費プロセスに入り込み，さらに価値共創を開始できるかが課題である。次に，顧客接点を通じて消費プロセスに入り込んだなら，そこで顧客と双方向の communication を交わすことになるが，顧客接点の場合と同じようにリアルとネットの両

方が考えられる（村松 2017）。そして，顧客との双方向による遣り取りは，co-creation に向けて行われるものであり，その結果，顧客にとって value-in-context が生み出されることになるが，その文脈依存性はきわめて高い（村松 2017）。

　本研究は製造業を対象にし，価値共創マーケティングの視点から分析を行う。以下の事例分析では，菅公学生服が消費プロセスにおいて，どのように顧客接点をつくり，どのようなコミュニケーションを交わし，その価値共創のプロセスについて考察する。

　まず，顧客との接点をどのようにして持つか，すなわち顧客接点をいかにして作り，消費プロセスに入り込むかであるが，菅公学生服の場合は長い歴史の中ですでに顧客である学校との接点を持っているため，その活用に主眼を置く必要がある。そこで同社は，教育ソリューション事業を始め，中学校・高等学校を対象に少子化に対応する教育現場の改革を提案し，キャリア教育等の教育活動の手伝いなど教育現場の課題解決をサポートすることにしたのである。今まで学校，生徒，保護者を対象に学生服の生地の改善やデザインの向上などを図ってきたが，第4次産業革命によってもたらされた環境変化に対応できる学校教育の新たな方向に対して提案を行うことにしたのである。同社は東京や大阪，名古屋，福岡などの大都市で展示会を行うことで顧客（学校）との接点を活用し，このようなサポート活動を行った。

　次に，顧客と接点を活用した後に，顧客とのコミュニケーションをどのように作るかが重要になってくる。菅公学生服の場合は，展示会の後に，学校の要請に合わせて，学校の教育現場の改革で出てきた問題に対応するために学校の現場に行って研修を行い，アドバイスをすることで双方向のコミュニケーションを交わしてきた。具体的には，キャリア教育などの教育活動から先生方の授業準備の手伝いまで，学校のために，そして子どもたちの未来のために教育現場の課題解決をサポートしている。

　ここで，顧客と関わるプロセスで菅公学生服は自身のナレッジ・スキルを生産に適用し，顧客は使用時に自身のナレッジ・スキルを適用することで一層の価値が共創される。すなわち，菅公学生服が持つ学校現場の教育改革に必要な知識・人脈を使い，顧客である学校に適用し，学校は使用時にさらに自らが持つ知識等を適用することで価値共創が進むという構図になる。具体的には，教員の教科指

導サポートをし，教員のスキル・アップのために講座を開き，体験学習等を行うことで，制服の着方から社会人としてのマナー，正しい叱り方まで授業および先生のサポートをしているのである。教員もスキル・アップして教育の現場に適用することで価値共創が行われる。

　最後に，価値共創を行うことで顧客である学校にとって文脈価値が創造される。実際，菅公学生服が関与してきた学校では，学校教育の質の向上や，優秀な生徒の増加，進学率の向上など良い方向の変化が見られ，菅公学生服に新たな支援を要請するようになっている。

　つまり，菅公学生服は「少子化」に対応するために，学生服の本業だけに集中するのではなく，時代変化に従い，新たな教育ソリューション事業を作って顧客との価値共創を行っているのである。菅公学生服と顧客（主として学校）との共創関係は図3-1にまとめることができる。図3-1で示すように，菅公学生服の顧客は，選定者である学校と．購入者である保護者と着用者である生徒に分けることができる。特に，選定者である学校は決定権を持つ直接的な顧客として重要である。また，価値共創は主に学校との間で行われている。

　具体的に，図3-2で示すように，既存顧客を相手に展示会等を開くことで顧客との接点を活用し，その後学校現場に行って，学校現場で生じている問題解決の要請に応じて支援をし，さらに学校におけるキャリア教育を通じて教育支援活動をすることで双方向のコミュニケーションを交わしている。そのプロセスにおいて主に学校の教員と価値共創を行い，その結果，学校には学校教育の質の向上や，優秀な生徒の増加，進学率の向上など良い方向の変化が見られ，さらに菅公

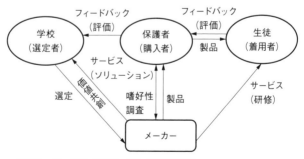

（出所）　江・亀岡（2018）に基づき筆者作成。

図3-1　菅公学生服と顧客（学校）との価値共創

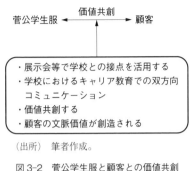

（出所）　筆者作成。

図 3-2　菅公学生服と顧客との価値共創

学生服に新たな支援を要請するようになった。すなわち，文脈価値はその顧客自身によって判断される知覚価値のことであるため，顧客である学校にとって菅公学生服との価値共創のプロセスにおいて文脈価値が創造されるのである。

むすび

　本章では，菅公学生服を事例として，4C のアプローチを用いて，当該企業がいかにして顧客との接点を活用するか，またその後顧客とどのように双方向のコミュニケーションを交わしてきたか，そして顧客とどのように価値共創を行い，顧客の文脈価値がどのように創造されるかについて分析した。その結果，菅公学生服は「少子高齢化」に対応するために，学生服の製造だけではなく，新たな教育ソリューション事業を展開することで，顧客との価値共創を行ってきた。具体的には，既存顧客（学校）を相手に展示会等で接点を活用し，その後学校でキャリア教育を通じて教育支援活動をすることで双方向のコミュニケーションを交わし，そのプロセスにおいて主に学校の教員と価値共創を行い，その結果として顧客である学校にとって文脈価値が創造された。
　このような取り組みを通じて菅公学生服は持続的に発展してきた。すなわち，地域企業は環境の変化があったにもかかわらず，持続的な発展をしてきたのは，繊維の産地および産業集積という地域特性を生かし，一貫して「人づくり」「学校づくり」という経営理念を重視し，さらに顧客との価値共創をしてきたからである。顧客と価値共創することで，菅公学生服は学校のために「利他的」行為を

することで学校により一層信頼され，最終的に「利己」に繋げることを可能とし
たのである。これは，地域企業の持続可能性のポイントの 1 つであると考えられ
る。また，菅公学生服の事例は，「少子高齢化」の影響を受けてきた業界や，同じ
ような伝統産業の企業にとって良い参考になるであろう。

[注]
1)　村松・山口（2018）によると，20 世紀を支配的に特徴づけるのが工業社会であったが，「脱」工業社
　　会としていわれたのが，いわゆる情報化社会である。さらに，情報化の進展によって，企業・顧客関係
　　は大きく変わり，こうした情報化がもたらした新たな関係に基づく社会を「サービス社会」という。
2)　大手 3 社とは，学生服業界の上位 3 社を指し，具体的には，菅公学生服株式会社，株式会社トンボ，
　　明石被服興業㈱を指す。
3)　学校制服業界の上位企業別の市場シェアは昨年まで大きな変化がなかったが，繊維ニュース（2019
　　年 6 月 5 日）によると，2019 年 5 月 31 日に業界 2 位のトンボが業界 4 位の瀧本を買収したため，連結
　　売上が 380 億（2018 年度の合算）となり，菅公学生服の売上の 350 億（2018 年 7 月期）を抜きトップ
　　に躍り出ている。
4)　マーケティング研究におけるサービス・ドミナント・ロジックの略称であり，詳しくは後述の通りで
　　ある。
5)　文脈価値とは，ある文脈のもとで顧客が知覚する価値である従来の交換価値との対比で議論されて
　　きた。田口（2010）によると，交換価値とは，生産プロセスで価値が付加されたグッズそれ自体の価値
　　のことであり，そのグッズが交換される時の価値（すなわち価格）を意味し，文脈価値は顧客とサービ
　　ス供給者との間での相互作用や協働活動を通じて互いがサービスを供給し，その顧客の消費プロセス
　　の過程で獲得したベネフィットについて，その顧客自身によって判断される知覚価値のことである。

[参考文献]
今村一真（2015）「経営学領域における価値共創研究―Prahalad en Ramaswamy の所論と PSS 研究―」
　　村松潤一編著『価値共創とマーケティング論』同文館出版，101-115 頁。
小川進（2006）「ユーザー起動法とブランド・コミュニティ」『組織科学』Vol. 39, No. 3, 27-39 頁。
江向華・亀岡京子（2018）「普遍的な製品に顧客ニーズを取り込むイノベーションプロセス」『就実大学経
　　営研究』第 3 号，39-47 頁。
田口尚史（2010）「S-D ロジックの基礎概念」井上崇通・村松潤一編著『サービス・ドミナント・ロジッ
　　ク―マーケティング研究への新たな視座―』同文館出版，29-43 頁。
村松潤一（2015）「価値共創の論理とマーケティング研究との接続」村松潤一編著『価値共創とマーケ
　　ティング論』同文館出版，129-153 頁。
村松潤一（2017）「価値共創マーケティングの対象領域と理論的基盤―サービスを軸とした新たなマー
　　ケティング―」『マーケティングジャーナル』Vol. 37, No. 2, 6-24 頁。
村松潤一・山口隆久編著（2018）『サービス社会のマネジメント』同文館出版。
Barney, J.（1991）"Firm Resources and Sustained Competitive Advantage," *Journal of Management,*
　　Vol. 17: 1, pp. 99-120.
Penrose, E. T.（1959, 1980）*The Theory of the Growth of the Firm*（1st/2nd eds.）, Oxford: Basil
　　Blackwell.（末松玄六訳（1980）『会社成長の理論（第二版）』ダイヤモンド社。）
Prahalad, C. K. and Ramaswamy, V.（2000）"Co-opting customer competence, Harvard business
　　review," Vol. 78, Issue, 1, pp. 79-87.
Prahalad, C. K. and Hamel, G.（1990）"The core competence of the corporation," *Harvard business
　　review,* Vol. 68, No. 3, pp. 79-91.

Rumelt, R. P.（1974）*Strategy, Structure, and Economic Performance,* Harvard University Press.（鳥羽欽一郎・山田正喜子・川辺信雄・熊沢孝訳（1977）『多角化戦略と経済成果』東洋経済新報社。）

Rumelt, R. P.（1982）"How Important is Industry in Explaining Firm Profitability," *Working Paper: UCLA.*

Teece, D. J., Pisano, G., and Shuen, A.（1997）"Dynamic Capabilities and Strategic Management," *Strategic Management Journal,* Vol. 18: 7, pp. 509–533.

Vargo, S. L., and Lusch, R. F.（2004）"Evolving to a New Dominant Logic for Marketing," *Journal of Marketing,* 68（1）, pp. 1–17.

Vargo, S. L., Maglio, P. P. and Akaka, M. A.（2008）"On Value and Value Co-creation: A Service Systems and Service Logic Perspective," *European Management Journal,* Vol. 26, No. 3, pp. 145–152.

von Hippel, E.（1986）"Lead users: a source of novel product concepts," *Management Science,* 32, pp. 791–805.

（参考資料）

矢野経済研究所ソリューション事業部 IMC 編（2010）『日本マーケットシェア事典 2010』矢野経済研究所，1094 頁。

矢野経済研究所ソリューション事業部 IMC 編（2011）『日本マーケットシェア事典 2011』矢野経済研究所，1056 頁。

矢野経済研究所ソリューション事業部 IMC 編（2012）『日本マーケットシェア事典 2012』矢野経済研究所，1060 頁。

矢野経済研究所ソリューション事業部 IMC 編（2013）『日本マーケットシェア事典 2013』矢野経済研究所，1052 頁。

矢野経済研究所マーケットシェア室編（2014）『日本マーケットシェア事典2014』矢野経済研究所，1048 頁。

矢野経済研究所マーケットシェア室編（2015）『日本マーケットシェア事典2015』矢野経済研究所，962 頁。

菅公学生服株式会社のホームページ（最終閲覧日：2020 年 5 月 6 日）

　　https://kanko-gakuseifuku.co.jp

明石被服興業株式会社のホームページ（最終閲覧日：2020 年 5 月 6 日）

　　http://akashi-suc.jp

株式会社トンボのホームページ（最終閲覧日：2020 年 5 月 6 日）

　　http://www.tombow.gr.jp

（インタビュー調査概要）

菅公学生服株式会社ソリューション事業本部長

（2017 年 12 月 19 日 10：00–12：00）

第4章

経営理念重視の地域企業による広域青函圏市場への
アプローチ

佐々木　純一郎

> 🔍 キーワード：●新技術と高付加価値化　●産学官連携　●経営理念　●従業員
> とのコミュニケーション

はじめに

　本章は，2016年3月26日の北海道新幹線新函館北斗開業を契機に，交流拡大
が期待される広域青函圏に注目し，青森県と道南の2法人の経営者を対象とした
インタビュー調査を行った。結論として，広域青函圏市場は形成途上にあるが，
その市場を先取りして青函双方で事業展開しているところに2法人の先見性を発
見できる。また企業経営者が経営理念を重視し，積極的に従業員とのコミュニ
ケーションをしていることが特徴的である。いずれも新技術採用や高付加価値化
そして産学官連携などに積極的取り組んでいる。

第1節　青函圏構想と企業家像

1.　行政主導による青函圏構想と地域アイデンティティの未成

　最初に広域青函圏市場の前史として青函圏構想について説明したい。

　函館市は1967年10月，青森市と「青函経済圏促進協議会」を結成，お互いに
経済発展のために協力し合うことを約束し，1968年2月に2回目の会議を開いて
具体案を検討，協力関係をスタートさせたとされる。その際の問題意識は「青函

トンネルや高速道路などが開通したら，函館も青森も中央の文化・経済圏の強い磁力に引き寄せられ，ますます特色が薄れてしまう。東京，札幌のような大都市への集中がさらにひどくなり，青森，函館市は経済的な真空地帯になることも考えられる。こうした将来を見通して，困難な問題はあっても，この際お互いに助け合っていこうということになった」[1]。

　実際に「青函航路の実態も港の出入貨物量は道内一を誇っているが，その90パーセントは，素通りするだけのフェリーと連絡船の荷物なのである」[2]。

　このような状況下，国の第四次全国総合開発計画（四全総 1987 年策定）に「青函インターブロック交流圏構想」が盛り込まれた。そこで，青森県と北海道により「青函インターブロック交流圏構想推進協議会」が，1988 年 3 月の青函トンネル開通を契機に，北海道道南圏と青森県との広域的な交流により圏域全体の活性化を目的とした青函インターブロック交流圏構想を推進するための組織として発足した（1988 年）。四全総に続き，1998 年 3 月策定の全国総合開発計画「21 世紀の国土のグランドデザイン」の中でも，青函地域を「インターブロック交流圏として今後の発展が期待される地域」と位置づけた。だが現在の国土形成計画に青函インターブロック交流圏構想が盛り込まれていないことから，旧協議会の規約の目的にある「交流圏構想の推進」を「青函圏の交流・連携の推進」という基本的な考え方に変更し，組織名称も「青函インターブロック交流圏構想推進協議会」から「青函圏交流・連携推進会議」へと変更した（2011 年 4 月 1 日改称。事務局は青森県及び北海道渡島支庁・檜山支庁）[3]。

　以上のように，青函トンネル開通による青森・函館両市の「素通り」という危機意識を背景に，青森県と北海道の行政主導により青函圏の「交流圏構想の推進」が取り組まれてきた経緯がある。一時期国土計画にも位置付けられてきた。

　その後 2016 年 3 月 26 日の北海道新幹線新函館北斗開業により，函館・新青森間は約 1 時間，新青森から八戸と弘前まで各々約 30 分となることから，2013 年 3 月，青森，弘前，八戸 3 市と函館市による「青函圏観光都市会議」が結成された。これら 4 市とその周辺部が広域青函圏のイメージといえよう（図 4-1 参照）。ただし 2019 年度限りでの活動終了を申し合わせた。設立当初に掲げた，2016 年 3 月の北海道新幹線開業を見据えた圏域の観光振興に果たす役割を一定程度終えたと判断したという（『東奥日報』2019 年 3 月 26 日）。

　以上にみてきたとおり「青函交流圏」は行政主体の取り組みが先行しており，

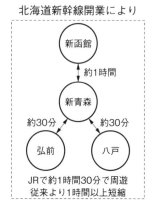

（出所）　青函圏観光都市会議「今後の事業展開（案）」
2014 年 3 月 27 日総会第 3 号議案より転載。

図 4-1　青函の広域観光圏のイメージ

現在では「交流圏構想の推進」から「青函圏の交流・連携の推進」へとトーンダ
ウンしている印象が拭えない。地域の一体感を支える土台が「地域アイデンティ
ティ」である。行政主体の取り組みの反映として，「青函インターブロック」構想
に基づく各種の取り組みは，必ずしも「地域アイデンティティ」醸成を推し進め
る方向で推進されてきたとは言えないと指摘されている（末永 2015, 8 頁）。

　近年では，北海道新幹線新函館北斗開業による青森，弘前，八戸 3 市と函館市
による「青函圏観光都市会議」が注目されたが，その会議も 2019 年度末で役割を
終えている。広域青函圏市場は，まだ形成途上にあるといえよう。

2.　青森県と北海道の企業家像「企業家精神の欠如」

　青森県と北海道の企業家像について，以下のような厳しい指摘がなされている。
　例えば藤田（1992）は，青森県八戸地域の機械金属工業を次のように評してい
る。
　「自然発生的に発展してきた産業に対応してきただけであり，自らが需要開拓
をして，新製品を開発していくような企業家精神や技術力を有していない」(32
頁)。このような企業家精神や技術力の欠如に対し，藤田は地場産業振興のため
の施策として，「⑥ 経営の近代化 1. 経営者意識の向上」を指摘している（39頁）。

　また北海道の企業家の多くについて，小川・森永・佐藤（2005）は次のように指摘する。

　「道内企業家に付きまとうことが多かった企業家精神に欠けた経営者像」（19頁）。

　以上のように青森県と北海道に共通する企業家像には，自律的な経営者にとって不可欠な企業家精神に課題が認められる。この背景要因としては，下請け的な企業経営のあり方などが推察されよう。

　例えば，北海道新幹線開業後の2016年5月に東奥日報社が青森県内企業を対象に実施したアンケートによれば，次のような結果であった。

　「開業に合わせた取り組みは，『実施していない』が75.6％で最多。開業前の前回調査（2016年1月）でも『実施していない』が74.5％で，ほとんど変化はなかった。／実施した取り組みの中では『販路・取引拡大に向けた営業強化』が11.3％で一番多く，『道南向けの宣伝・情報発信など』が5.6％，『道南の企業との連携』が4.4％と続いた。／今後の取り組みでは『予定していない』が71.3％で最も多かった」（『東奥日報』2016年6月19日）。

　以上のように，北海道新幹線開業による「津軽海峡圏」（広域青函圏）の交流増大が期待されたものの，調査対象となった青森県内企業の7割超が開業に合わせた取り組みを実施しておらず，今後の取り組みを予定していないという消極的な状況であった。

　なお，野林（2019）は次のように経営理念について述べている。

　「経営理念が注目されるのは，社会や環境変化の大きな変化により，新たな企業経営の価値観が必要となってきた時期である」（130頁）として，経営理念概念を「日本（産業）全体を主体とする『経済思想・経営思想』，経営者を主体とする『経営者理念』，そして企業組織を主体とする『企業組織の経営理念』の3つに分類を試みた」（135頁）。

　野林の指摘するように，少子化・高齢化という外部環境の変化の中で，地域企業においても経営理念が注目されると考えられる。一般的に大企業と比べて，地域企業の多くは企業規模が小さい。それゆえ経営者を主体とする「経営者理念」が，従業員とのコミュニケーションを通じて企業組織に浸透する過程が具体化しやすいと思われる。これに加えて地域特性を反映しやすい地域企業の経営理念を考察する場合には，「地域コミュニティにおける経済思想・経営思想」との相互関

係をも配慮する必要があるのではなかろうか。

　以下，本章では青森県と北海道の企業経営者について，インタビュー調査に基づく探索型ケース・スタディを行う。まだ形成途上にある広域青函圏のなかで，自律的な広域展開を目指している先進的な2法人について検討する。

第2節　株式会社東洋社（青森市）

1. 概要

　同社は，1952年7月設立であり，「ホームクリーニング」，「リネンサプライ」そして「ホスピタルリネンサプライ」という3本部体制をもつ。また消防庁認可防炎加工処理工場である。さらに厚生労働省障害者雇用促進事業団認定心身障害者多数雇用事業所であり，1992年7月，ホスピタル工場が（一財）医療関連サービス振興会「医療関連サービスマーク」認定，2008年2月，リネンサプライ工場が（一社）日本リネンサプライ協会「衛生基準適合」認定を受けている。このように障害者雇用とともに，先進技術の積極的導入という特徴がある。ホテルや医療機関だけでなく，業務用クリーニングは今後の新規市場拡大の可能性が予想されている（表4-1参照）。

　代表取締役社長・相馬敏行氏は，次のように述べている（2019年5月28日，取材）。

　　「人手がかかる業種であり，日進月歩するハイテクを積極的に導入してきた。青森県内の業界ではトップ企業であると自負している。経営理念は社是として明文化している。毎日の事務所朝礼，そして毎月の事業所の全体朝礼において社是を唱和することで，全従業員に経営理念が浸透していると思う。これが自社の強みではなかろうか…リネンへの名入れなど，函館にできない部分のフォローから始まった」として業務用クリーニングにおける高付加価値サービスも実施している。

　このように，ハイテク技術の積極的導入や高付加価値化とともに，経営理念の全従業員への浸透を自社の強みであると認識している。

表 4-1　株式会社東洋社　年表

1952 年 7 月	青森市に東洋振工企業組合設立　出資者 5 名　30 万円
1953 年 4 月	洗濯設備・染色設備・縫製設備完了営業開始
1956 年 4 月	東洋社企業組合と改称
1967 年 4 月	ホテル寝装品リネンサプライ・レストラン等フードリネンサプライ，作業衣ウェス等工業リネンサプライ賃貸開始
1969 年 8 月	クリーニング総合工場，基準寝具専門工場，社宅等を竣工
1973 年 9 月	防炎加工処理工場として消防庁より認可
	心身障害者雇用優良事業所として青森県知事より表彰
1974 年 4 月	急速排水処理施設設置完了
1977 年 9 月	心身障害者多数雇用事業所として労働大臣より表彰
1980 年 11 月	第 1 種重度障害者多数雇用事業所助成金を受け，リネンサプライ工場 1,008 m^2 竣工
	連続洗濯システム導入
1982 年 4 月	株式会社ダスキンと業務契約締結
1983 年 4 月	子会社東洋光伸株式会社を増資し，ダスキン業務委譲
1984 年 3 月	株式会社青森マイベビー設立，おむつ部門業務委譲
1984 年 4 月	事業組織をホームクリーニング事業部，リネンサプライ事業部，ホスピタルリネンサプライ事業部の 3 事業制導入
1988 年 3 月	ロイヤルクリーニングを開始　6 t ボイラー 1 基増設
1991 年 3 月	リネンサプライ工場増設，連続洗濯機 1 基増設
1992 年 7 月	ホスピタル工場　㈶医療関連サービス振興会医療関連サービスマーク適合認定
1993 年 2 月	ホームクリーニング事業部工場新築，バーコード導入
	完全自動分配システム導入完成
1994 年 5 月	ホスピタルリネン工場連続洗濯システム導入
2000 年 3 月	汗抜きクリーニング開始
2003 年 5 月	完全自動貫流ボイラー 7 基新設
2006 年 10 月	株式会社青森マイベビー業務受託，ダイアパー事業部開設
2008 年 2 月	リネンサプライ工場　㈳日本リネンサプライ協会衛生基準適合認定
2009 年 12 月	「クリクラ八甲田」宅配ボトルウォーター販売代理店契約締結
2010 年 7 月	株式会社に組織変更　重度障害者等通勤対策助成金を受け障害者通勤用バスを購入
2011 年 6 月	天然ガスへ熱源転換　高効率型ボイラ 6 基導入
2011 年 10 月	CO2 削減による国内クレジット（国内排出削減量認定制度）申請
2013 年 3 月	新ホスピタル工場竣工（ホスピタル工場とダイアパー工場を統合）
	東北初となる衛生省エネ対応の 7 槽連洗を導入
2013 年 4 月	函館営業所　開設
2013 年 5 月	ジュータン工場新設・同稼動
2014 年 3 月	函館営業所　業務拡充により移転
2015 年 8 月	函館営業所　業務拡充により金堀町へ再移転
2019 年 6 月	道南トリニティ株式会社設立（東洋社・函館企業・株式会社ベネックの合弁）
	本工場はホテルルームリネンに特化し，函館を拠点に道南エリアをカバー

（出所）　同社及び道南トリニティ株式会社 HP。（2020/3/24 閲覧）

2．経営理念「利他の野心」と人材育成，そして地域貢献

　相馬氏は，自身の経営理念について，次のように述べている。

　「私が経営の根底と根幹を学び，培ったのは，原風景として青森人の "じょっぱり" 強い意志と "利他の野心" です」。

　このように強い意志とともに「利他の野心」を強調している。近江商人の三方よしに代表されるように，自利と利他はともに両立しなければ経営は永続できない。この考えを「利他の野心」として捉えていることが特徴的である。

　他方，従業員の人材育成について重視することとして，次のように回答している（筆者からの問い合わせに対する回答。2019 年 6 月 11 日）。

　「『心の生産性』の上げかた，上げさせかたが全てです。当社のように利益の源泉が数と量の生産性に依拠する業種であるがゆえに，質の生産性すなわち『心の生産性』を重視いたしております。品質と同じく，いや それ以上に "人質"（にんしつ）にこだわり続けています。人質づくりをシンプルに『笑顔・挨拶・返事』と表現し，社内外，役職の上下なく，相互コミュニケーションの基本行動として日々に励行させ続けております。いまひとつ申し上げるなら，地元地域への感謝と奉仕の実践参加により感動を共有することと言えるでしょうか。積極的に地元地域に関わらせることです。具体的には青森市民ねぶたの事務局が当社内におかれ，当社の常務が長年事務局長を務めさせていただいております…心の生産性の原点です。積極的に地元・地域・故郷に関わり，自ら行動し奉仕させていただくこと。それにより喜びを越えた感動が共有でき，当社の社員・従業員が地元・地域の皆様によって育てられ，成長させていただき，支えられていると実感いたしております」。

　このように「心の生産性」（人材育成）を「笑顔・挨拶・返事」と表現し，社内外，役職の上下なく，相互コミュニケーションの基本行動として日々に励行させ続けているのが人材育成の特徴である。筆者が同社を訪問した際，従業員の挨拶の仕方などに人材育成の成果が表れていると実感した。また青森市民ねぶたの事務局として，地域に密着した地域貢献を行っている。これも地域の企業の参考になると考えられる。

3．東日本大震災を契機とした青函事業（青森から函館への進出）

　次に同社の青函事業を紹介したい（2019 年 5 月 28 日，取材）。

　「2010年までは順調に推移してきたが，2011年3月11日の東日本大震災により大きく環境が変化した。停電もあったが，工場で使用する燃料の重油が二，三週間，入手できなかった。また重油価格の高騰により，年間の燃料費が1億円から1億5,000万円に跳ね上がった。これに加えて東京電力福島第一原子力発電所の事故にともなう風評被害により，顧客である県内の観光業が打撃を受け，結果として自社の売り上げが3割減少した。このような環境変化の中でも固定費は変わらない。震災2年後でも状況は好転しなかった。以前から青森商工会議所議員会会長などを歴任していたので，函館商工会議所との交流があり，インバウンドなど函館の観光業界が繁忙であると知っていた。そこで売り上げを確保するため，2013年4月に函館営業所を開設した。社内外の反対もなかった。所長と集配リーダーの2人を青森から函館に3年間常駐させた。あわせて函館でも5人採用している。函館市内のリネンを青森まで，4tトラック2台によりフェリーで往復させてきたが，フェリー代が年間3,000万円かかっている」。

　このように東日本大震災による環境変化への対応が契機となっている。また窮余の策として函館事業に着手している。あらかじめ採算がイメージされていたわけではない。

4. 青函事業の今後の方向性

　前述のように，窮余の策として開始した函館の事業に，新たな転機が生じている。

　「業務用クリーニング『リネンサプライ』事業はホテルがメインであり，需要が大きい。今は函館の業界からも感謝されている。2020年には函館に6つのホテルが開業する。そこで2019年6月に函館市内に洗濯・乾燥施設を新設することにした。1日あたり洗濯物3,000室分（約10t）を処理でき，投資額4億円，約30人を新規雇用する。東洋社とベネック社（さいたま市）が2018年秋に，函館市内のクリーニング業者に資本参加した。この会社が道南トリニティと社名変更し，新施設を運営する。このように三社で共同出資するのは，地域を越えた新しいビジネスモデルではなかろうか。新会社には取締役2名と監査役1名を派遣している。みちのく銀行，北洋銀行そして商工中金の融資を受けている。東洋社の函館営業所が，新施設に洗濯・乾燥業務を委託する。函館の

需要の伸びを予測するとともに，青森での人手不足の解消を期待している。新
工場建設により生まれる人員の余裕は，青森工場での働き方改革にあてたい。
新工場建設祝賀会には青森，函館両市の市長や双方の商工会議所会頭も出席し
てくれた」。

このように共同出資による函館工場の操業により，ようやく採算の目処がたっ
たという（「ようやく我慢の時代が終わった」と表現）。従前の内部留保がこの間
の厳しい経営環境を支えてきたとされる。なお，函館工場の稼働にともなう青森
での雇用変化について筆者が質問したところ，「働き方改革にあてたい」と即答
された。今日的な課題について，日常的に考えている様子がうかがえる。

5. 小括

　株式会社東洋社は，経営者が独自の経営理念「利他の野心」を考案し，経営理
念の全従業員への浸透（心の生産性）を自社の強みであると認識する。またハイ
テク技術の積極的導入や高付加価値化に取り組んでいる。さらに地域貢献を重視
している。函館進出は，東日本大震災の影響による青森県内事業の縮小に対応す
る窮余の策であった。2019 年の函館工場の操業により，今後の経営の安定が展望
されている。なお北海道新幹線を活用し，社長が毎月函館を訪問している。

第 3 節　医療法人雄心会（函館市）

1. 概要

　1987 年，函館市立病院に脳外科医として勤務していた理事長・伊藤丈雄氏が，
函館新都市病院を新設した。同法人専務理事／本部長・金子達也氏は，道庁勤務
から理事長に誘われて病院経営に参画した。週 2 回，青森新都市病院を訪問して
いる。以下，青森新都市病院における金子氏へのインタビューから紹介する
（2019 年 6 月 24 日，取材）。

　「1998 年，経営が悪化した砂原町国民保険病院を引き継ぐ形で，新都市砂原
病院を開業した。これが病院の事業承継の始まりである。その後，道立江差病
院の新築移転にともない，江差脳神経外科クリニックを開設し，檜山地区の脳
神経外科分野を支えている。例えば江差クリニックの患者さんの診断情報を，

表 4-2　医療法人雄心会　年表

1987 年 5 月	函館新都市病院　新規開設
1995 年 7 月	法人化（法人名称：医療法人　函館新都市病院）
1998 年 4 月	新都市砂原病院　新規開設（旧砂原町国民健康保険病院　民営移管）
	砂原町在宅介護支援センター　開設
	法人名称変更（法人名称：医療法人　雄心会）
1998 年 8 月	江差脳神経外科クリニック　新規開設
1999 年 2 月	リハビリテーション室増築（函館新都市病院）
2000 年 4 月	都市砂原病院　介護療養型施設　新規開設
	指定居宅介護支援事業所　新規開設（スマイル　さわら，スマイル　はこだて）
2001 年 2 月	函館新都市病院　外来棟　改築
2003 年 8 月	函館新都市病院　施設全面　増改築
2003 年 9 月	新都市砂原病院　移転新築
2004 年 4 月	介護老人保健施設　いなほ　新規開設
2005 年 3 月	スマイル　さわら　閉鎖
2005 年 4 月	函館新都市病院　ロシア州立病院等と医療連携締結
2007 年 8 月	介護老人保健施設　いなほ　増改築
2007 年 9 月	函館新都市病院　脳血管内治療センター　開設
2007 年 12 月	函館新都市病院　日本医療機能評価機構　病院機能評価（Ver5.0）認定
2009 年 4 月	函館おおてまちクリニック　開設
2012 年 2 月	函館新都市病院　外来診療室，救急処置室　増改築
2012 年 9 月	社会福祉法人雄心会設立
	介護老人保健施設いなほを社会福祉法人雄心会へ事業継承
2012 年 12 月	函館新都市病院　日本医療機能評価機構　病院機能評価（Ver6.0）更新認定
2013 年 4 月	近藤病院（青森市）　事業継承
2013 年 5 月	函館新都市病院　救急センター・心インタベンションセンター　開設
2013 年 12 月	医療法人厚生会　渡辺病院（青森市）　グループ法人化
2014 年 10 月	渡辺病院（青森市）事業継承
2017 年 4 月	医療法人雄心会　渡辺病院と医療法人雄心会　近藤病院を統合
2017 年 5 月	青森新都市病院　開院

（出所）　同法人及び青森新都市病院 HP。（2020/3/24 閲覧）

　画像伝送システムにより函館新都市病院に送り，手術の準備を整えることができる。地元の町村会から助成を受けているが，赤字経営である。また函館おおてまちクリニックは，地元の医師会副会長が経営していた病院を事業承継している」。

　このように経営不振の病院事業を，次々に事業承継してきた経緯がある（表 4-2 参照）。

2. 経営理念「患者と職員を大切に」，大学との連携，先進技術の導入そして地域貢献

　「理事長は患者さんに対し一貫して関わりたいとの思いから『良質かつ適切な医療を最良の環境で提供できる病院をめざして』という基本理念を掲げている。患者視点の医療とともに，職員を大切にするワーク・ライフ・バランスも重視している。理事長は利益ではなく『すべての人に不義理をするな』という姿勢でいる。経営的には大変厳しい状況も経験してきた。最高の環境で，早く家に帰りたくなるというのが，当病院のコンセプトである。

　他方，全国から優秀な医師を集めるために青森大学と連携し，青森大学脳と健康科学研究センターを設立し，青森大学の客員教授のポストと研究環境を整備した。青森大学薬学部の講義を担当するなど，相互にメリットが生じた。

　病院は女性職場でもあり，通年開園する保育所『かでるきっず』を開設し，英語のネイティブスピーカー2名を採用している。このように病院よりも先に研究センターと保育所の設置を決め，法人として精一杯の努力をしてきている。

　同時に青森市内から医師の引き抜きはせず，職員の約半数はUターン人材である。青森では先進的な医療設備も導入している。八戸市から新幹線通勤する医師もいる。当初，地元医師会からは警戒されていたが，競合を避け共存共栄をめざしてきた。協力する医療機関には設備を利用してもらい，病院内の研究発表会に参加してもらうなど，信頼関係を築いてきている。他の病院でもコンシェルジェを導入するようになるなど，地域の医療水準が向上している」。

　以上のように，理事長の基本理念と経営姿勢（すべての人に不義理をするな）の下，患者視点の医療とともに，職員を大切にするワーク・ライフ・バランスも重視している。そのうえで青森大学との連携や保育所の設置を，病院に先行して決めている。また先進的な医療設備を協力する医療機関に開放し，病院主催の研究発表会に参加してもらうなどして，地域の医療水準を向上させている。このように地域貢献にも力を入れている。

3. 事業承継による青函事業（函館から青森への進出）と青森市の協力

　「経営が悪化していた青森市の近藤病院（121床）を，金融機関に紹介されたのが契機である。様々な事情により，青森市内の病院による事業承継は困難な状況であった。当初，事業承継を断るつもりで理事長と訪問した。だが近藤夫

妻の地域，患者そして職員への熱い思いを聞くうちに，情にもろい理事長が事業承継を決断した。後でわかったことだが，近藤病院は青森市の二次救急施設に指定されていた。そこで札幌から救急対応できる医師を1名移住させ，月に15件程度の救急患者に対応した。また老朽化した施設の補修などに3,000万円投じた。そのうちに青森市の渡辺病院（90数床）の事務長が，事業承継の相談のため函館を訪問した。このようなことから，青森市での病院経営を徹底することになった。青森市副市長の全面協力により，病院建設の妨げであった建ぺい率・容積率・高さ制限を特例として緩和してもらった。あわせて青森市議会の議決により助成金を受け，高い地価を克服できた。かくして2017年，青森新都市病院を開設した（191床。同法人では最大規模）。

　後付けではあるが，青森新都市病院のメリットを考えた。函館圏域の人口は2040年までに17万人減少すると予想されている（2010年比，36.6％減）。だが青森県の人口130万人と合わせれば，180-190万人となり，札幌並みになる。また盛岡市へのアプローチも可能である。このように新幹線を活用するメリットを強調できる。ただし，青函圏が1つになるには時間がかかる。今後，文化交流が進むと一体感が醸成されるのではなかろうか。青森新都市病院ができてまる2年たつが，以前の2つの病院では異業種のように文化が異なっていた。あたかも宣教師のような理事長の思いで，法人をひとつにまとめている。本部長として週二回青森に来ているのも，職員に仕事への満足感を得てもらうためである。このような視点は広くサービス業にとって必要であろう」。

以上のように，青森市の2病院を事業承継する際，理事長が元の経営者夫妻の思いに共感したことが決め手となっている。また青森市の協力を得て，青森新都市病院を開設した。さらに先進的な医療設備を協力医療機関に開放し，広義のサービス業を自認する。なお新幹線開業による広域青函圏は「後付け」の理由として考えられている。

4.　小括

　創業者＝現経営者の宣教師のような思いが出発点であり，経営不振の病院事業を承継することにより地域医療を支え，理事長の思いで法人をひとつにまとめているのが特徴的である。青森新都市病院の建設は，銀行の紹介による青森市の民間病院2法人の事業承継の話題が契機であった。当初断るつもりが，先代の経営

者の気持ちに共感し事業承継を決めている。予想外の規模（二次救急施設）であり，青森市の全面協力と青森大学薬学部との協力（産学官連携）により，青森新都市病院開設にいたった。再度確認するが，理事長の基本理念と経営姿勢（すべての人に不義理をするな）の下，患者視点の医療とともに，職員を大切にするワーク・ライフ・バランスも重視している。また先進的な医療設備を協力する医療機関に開放し，病院主催の研究発表会に参加してもらうなどして，地域の医療水準を向上させている。このように地域貢献にも力を入れている。法人本部長による青森新都市病院の訪問が頻繁に行われている。医療分野のみにとどまらず，広義のサービス業として自認している。八戸在住の医師が新幹線通勤するなど，新幹線新青森駅前の立地を活用している。広域青函圏を超えた，東京方面との医療関係者のネットワークも構築している。

むすびにかえて

　本章で説明してきた 2 法人は，事業構想以前に明確に広域青函圏を市場として意識していたわけではない（後付け）。今後の広域青函圏市場を先取りする企業経営者を支えているのが経営理念である。新市場開拓や産学官連携における「経営理念」（「利他の野心」や「すべての人に不義理をするな」）が地方企業の持続可能性の論点ではなかろうか。その上で，先進技術の積極的導入や高付加価値化とともに，経営理念の全従業員への浸透（心の生産性）を自社の強みであると認識している（東洋社）。あるいは患者視点の医療と，職員を大切にするワーク・ライフ・バランスを重視し，先進的な医療設備を協力医療機関に開放し，広義のサービス業を自認している（雄心会）。またいずれも地域貢献を重視している。さらに 2 法人とも青函相互の地域には文化の相違があると認識している。

　最後に，これまでの議論を踏まえ，外部環境の変化に対応するように地域企業の方向性を左右すると考えられる地域のソーシャル・イノベーションについて言及したい。

　野中・廣瀬・平田（2014）は，ソーシャル・イノベーションを「社会貢献活動をはじめとする社会の仕組みを変えて新たな価値を創る動き」であるとする（x 頁）。

関連して遠藤（2019）は，地域イノベーションについて次のように述べている。

「2000年の分権改革以後においても…中央集権的なコントロールが精緻化してきている面がある。しかし，地域イノベーションに視点を移すならば，多様性と創造性を尊重する地域コミュニティが重要であり，異質なものの組み合わせやユニークな発想のできる土壌を作っていくことが大切になる。そのためには，優れた経営哲学の下，地域イノベーションの創発を可能とする諸経営主体と人材ネットワークが織りなすよりフラットなビジネス関係の"場"構築に努力していくことが重要なのである」（279頁）。

以上のようにソーシャル・イノベーションや地域イノベーションを考える際に，地域コミュニティに「優れた経営哲学」が重要であると確認できよう。

残された課題は「コミュニティの経営哲学（経営理念）」と「地域企業の経営哲学（経営理念）」との関係性である。一般的に両者は相互に影響しあうと予想されるが，各地域の独自性が反映される。特に本章で取り上げた広域青函圏の場合，コミュニティの経営哲学の前提となる地域のアイデンティティ自体が未成であるため，地域企業の経営哲学との関係性にも注意する必要がある。これらについては引き続き検討したい。

[注]
1) 原資料『朝日新聞』1968年2月15日。函館市（2012）355, 356頁より引用。
2) 原資料『朝日新聞』1974年10月8日。函館市（2012）356頁より引用。
3) 青森市HP「青函圏交流・連携推進会議」，更新日：2018年11月22日。
　　https://www.city.aomori.aomori.jp/kikakuchousei/shiseijouhou/aomorishi-konnamati/kokusai-koukikikouryuu/seikan_twin/seikanken.html（2020/4/1 閲覧）

[参考文献]
遠藤哲哉（2019）『「地域経営」における価値創造―新しい自治体経営を志向して―』現代図書。
小川正博・森永文彦・佐藤郁夫（2005）『札幌大学産業経営研究所企業研究シリーズ　北海道の企業―ビジネスをケースで学ぶ―』北海道大学出版会。
末永洋一（2015）「『津軽海峡交流圏シリーズ』を振り返って―新たな『津軽海峡圏』形成に向けて―」青森地域社会研究所『れぢおん青森』2015年3月号。
野中郁次郎・廣瀬文乃・平田透（2014）『実践ソーシャルイノベーション―知を価値に変えたコミュニティ・企業・NPO―』千倉書房。
野林晴彦（2019）「日本の経営理念に関する一試論―経営理念という用語の歴史的変遷から―」経営哲学学会『経営哲学』第16巻第2号。
函館市（2012）　函館市史編さん室　「新たな青函圏への取り組み」『函館市史　通説編4』6編2章2節2-4。
弘前大学（1992）弘前大学人文学部経済学科特定研究事務局編集・発行『青函圏の企業経営：国際化と情報化の中で』。
藤田正一（1992）「青森県の産業構造転換と誘致企業・地場産業」（弘前大学（1992）所収）。

第 5 章

地域企業の持続性に関する研究
——事業承継と事業機会の創出からの考察——

角田　美知江

> 🔑 キーワード：●中小企業の事業承継　●経営者の高齢化問題　●中小企業の
> マーケティング　●創造的適応　●辺境の創造性　●事業機会の
> 創出

はじめに

　バブル経済崩壊以降，企業経営を取り巻く環境は大きく変化した。とりわけ中小企業においては，その影響は長期にわたってその業績を低迷させている要因となっている。そして，グローバル化による国際競争の激化や技術革新による製品ライフサイクルの短縮化等の経営環境の変化も生じている。加えて，IoT (Internet of Things)，ビッグデータ，AI（人工知能），ロボット等の新技術が発展しつつあり，今後産業構造が急激に変化する可能性も指摘されている。このような変化に適応できなければ，成長を図っていくことはますます難しくなっている。

　激変する外部環境とともに近年問題視されているのが経営者の高齢化である。これまで日本を支えてきた下請企業は徐々に減少していく傾向にあり，安定的経営が崩壊しつつある中で，経営者の高齢化の問題は，中小企業を廃業へ追い込む可能性を高めている。

第1節　変化する中小企業の取引環境と事業承継

　「平成27年度中小企業の成長と投資行動に関する調査」（帝国データバンク2016）によると，経営者が高齢である企業ほど，経常利益は減少傾向であることが明らかにされている。特に，小規模事業者で経営者の年齢が70歳以上になると，その約7割で利益が減っている傾向にあることが調査により判明した。さらに経営者の年齢が高くなると，投資意欲の割合が低下していく傾向にあることも指摘されている。投資別に見ると，人材投資は他の投資に比べ，どの年代で見ても投資意欲が高い傾向であるのに対し，海外展開投資や知財活用投資は全年代で投資意欲が低い傾向になっている。経営者の高齢化は，過去の成功体験へのこだわりや時代に即した経営方針を打ち出せないほか，後継者がいない場合は生産性向上につながる投資にも消極的で，業績悪化につながっているとみられている。
　我が国の製造業の特徴的な取引形態として，下請取引構造がある。下請取引とは，自社より規模が大きい企業等から製造，修理，情報成果物作成，役務提供の委託を受けることであるが，特に製造委託については大企業を中心とした「系列」構造がみられた。こうした系列関係は大企業─中小企業間で構築されたものであるが，大企業にとってみれば下請企業と長期的取引関係として継続できるメリットがあり，一方下請企業としても，「仕事量が安定している」，「独自の営業活動が不要といった広告宣伝等の販売活動に経営資源を注力しなくてもよい」等というメリットがあった。しかしながら，グローバル化の進展，不況の長期化などで，こうした下請取引環境は変化しつつある。大企業の生産拠点の移転や，大企業自身の業績悪化等により，「系列」を維持していくメリットや体力が失われており，下請企業からみても下請であるメリットは失われてきたのである。

第2節　マーケティングと企業経営

　近年，企業のマーケティング・コンセプトは変化しており，大量生産時代の「作れば売れる」，「作ったものを売る」というプロダクトアウトの志向から，「顧

客のニーズに合わせて売る」，「社会のニーズを踏まえて作る」などのマーケット
インの志向に変化している。企業を取り巻く消費者の嗜好の変化によって，市場
の在り方や企業のマーケティング志向も変化している。この変化に対応するた
め，経営者には，組織のマーケティング策定者として市場への「創造的な適応」
（Howard 1957）が求められている。

　Howard（1957）は，マーケティングとは「創造的適応（creative adaptation）」
であるとし，与えられた需要基盤に適応していく消極的な活動ではなく，自らが
創造した需要基盤に適応していく積極的な活動であることを指摘していた。

　創造的適応とは，市場にただ適応するだけではなく，創造的に適応するという
意味を持つ。しかしこれには矛盾が生じる。つまり相手にひたすら歩調を合わせ
るような意味を持つ「適応」と，新しいことを生み出す「創造」がどうにも相容
れないからである。こうしたマーケティングが持つ創造的適応の特性から考える
と，消費者の利他性に対してマーケティング主体者である企業が創造的に適応す
るという意味にとらえることができる。すなわち，自らの利他性を新たに創造し
ながらも，消費者の利他性に適応していかざるをえない。消費者の持つ利他性の
心理メカニズムを深く理解すればするほど，マーケティング主体者の利他性は新
たに創造され続けることについて考える必要がある。

　この「創造的適応」の概念を，動学的な競争論を媒介にして，さらに発展させ
たのが石原（1982）の「競争的使用価値論」（40 頁）である。石原（1982）は，
消費欲望の発展はいまや寡占企業間の価値実現競争によって方向づけられてお
り，マーケティングがその需要に影響力を行使しつつも，その受容基盤を再生産
しつづけることの解明が課題になるとした。石原がこの「競争的使用価値」論の
なかで強調していることは，熾烈な価値実現競争を繰り広げている個別の企業に
とって決定的に重要になるのは，自社商品に対する特殊的・排他的欲望を創造す
ることであり，競合する企業が提供する同種商品との代替可能性を断ち切ること
によって，はじめて安定的な価値実現が可能になる。したがって，製品差別化や
広告などの言説的な操作によって商品に新たに付与される差異は，単なる差異で
はなく，競争的・差別的価値実現の担い手として機能するような差異（＝競争的
使用価値）でなければならないということである。そうした競争的使用価値が形
成され，自社商品に対する特殊的・排他的欲望を創造することができれば，競争
から相対的に隔離されるポジションを獲得することができ，安定的な価値実現が

可能になる。このことは，企業規模の大小にかかわらず実現可能であるとされている。

第3節　経営者の役割

1.　経営者の役割

バーナード（1968）は，「人間協働における最も一般的な戦略的要因は管理能力である」（294-296頁）として，道徳的創造を行えるリーダーシップの存否が組織の存続にとって重要な課題であることを示唆している。また，「組織の存続は，それを支配している道徳性の高さに比例する。すなわち，予見，長期目的，高遠な理想こそが協働が持続する基盤なのである。」とし，「組織の存続はリーダーシップの良否に依存し，その基礎にある道徳性の高さから生ずる」としている。

そのうえで，「管理責任とは，主としてリーダーの外部から生ずる態度，理想，希望などを反映しつつ，人々の意思を結合して，人々の直接目的やその時代を超える目的を果たさせるよう自らを駆り立てるリーダーの能力である。これらの目的が低く，時間が短いときでさえも，人々の一時的な努力は，人の助けをかりない一人の人を超越する，生命力のある組織の一部になる。これらの目的が高く，多くの世代の多数の人々の意思が結合されるときには，組織は永遠に存続することとなる。」とし，組織のリーダーすなわち経営者の役割について述べている。

経営者に求められる役割には様々なことが考えられる。ペンローズ（1980）は経営者用益の不均衡が，経営の効率化と拡大を促進するとし，経営者機能の効率化と専門化を説いており，企業の内部から企業の成長を論じた。さらに，シュンペーター（1998）の「新結合＝技術革新」理論による経済の創造的破壊という革新活動の原動力として企業者精神をもった中小企業経営者の役割が評価されてきた。中小企業の社会的経済的役割においても自由主義経済体制において企業家的才能の持ち主に対して新たに企業を起こす機会を提供する事があげられている。

以上のことからリーダーシップを発揮し，新しいことを実行する意思決定を行うことが企業家機能の本質といえる。また，企業家の利益は，この新結合の成功によって生ずるものと考えることができる。

2. 外部環境の変化と経営者の役割

　ここで企業の外部環境の歴史的変化の視点から企業経営者の役割について振り返る必要がある。

　我が国における会社という組織[1]の多くは，株式会社という法律的な形態をとっている。株式会社制度のメリットの1つに資源の調達が容易になることがあげられる。このメリットは，資本と経営者という2つの重要な資源の調達を容易にしたことである。資本の巨大な規模での調達が，有限責任での少額出資も可能という原理によって容易となった。多くの出資者から幅広い資金を募ることが可能になったのである。そして，経営者という人材においても，株式会社制度では経営者＝株主である必要がないために，広く人材を登用することを可能にした。すなわち「所有と経営の分離[2]」（バーリ＆ミーンズ 2014）である。この派生的なメリットとして，事業創造という企業家的活動に対し，大きなインセンティブを与えることが考えられる。企業家は，事業を創造する際に株式会社を設立し，その資本の多くを出資する。当該事業が成功した場合は，その株式を公開市場で売却するか，他企業へ企業ごと売却することができる。その売却によって手に入れることができる利益が，事業の創造というリスクの高い仕事に取り組む起業家たちのインセンティブとなり，当該事業に出資しようとする投資家たちへの誘因となる。

　しかし，企業が巨大化していくと，「所有と経営の分離」が進み，問題[3]が発生する。所有者と経営者の対立である。また，株式所有の分散が進み，経営活動が複雑になっていくと（例として大規模化など），株主が企業を支配する（所有する）力を実質的に失ってしまう可能性があるという問題である。株主には経営者を解任する権利が与えられているが，利益の配当に関心が向いていくようになり，経営者が会社を支配していくようになる。その反面，一部の株主の力が強力になると，株主支配の構造となり，経営者の改革的モチベーションが低下するという問題も発生する。

3. 中小企業における経営者の役割

　中小企業においては一般に，会社の所有と経営が十分に分離されておらず，個人企業はもちろん，会社企業であっても経営者に株式の大半が集中しているのが常態である。すなわち，中小企業においては，経営者の個人資産の大半が事業用

に投入されているのである。また，株主の大半が，経営者またはその関係者（親族など）によって保有されているため，株式会社であっても「所有と経営の分離」はなされていない会社，いわゆるオーナー経営がほとんどである。

　さらに，中小企業では，経営者個人が企業の経営やマーケティングの戦略策定者であり，これらの戦略の実行者でもある。そのため，彼らによって経営される企業は，経営者個人の持つ特質が色濃く反映されることが考えられる。その中での戦略策定は，既存事業の運営を行う傍らで行わなければならないことも想定される。すなわち，戦略の策定と実行という段階で一般的に想起される，何らかの形で事前に策定された明確な戦略を実行するというプロセスに加えて，事前に明確に策定された戦略というものを持たずに，大まかに設定された方向性に沿って，事業を運営するなかで試行錯誤を繰り返し，戦略が徐々に形成されるというプロセスも必要とする。多くの中小企業の経営者は，当該企業の所有者であり，経営者であるうえ，戦略の実行者でもあるということとなる。そして，その個人的特性は，企業の経営に大きく影響していくと考えることができる。この特徴は，大規模企業ではあまり見ることができない特性である。

　経営者の個人的特性と企業組織との関係に注目したシャイン（2004）は，経営者が自身の思想や信念，価値観を具現化しようと内発的に駆り立てられた結果が，企業であるとし，経営者個人の思想や価値観は，企業活動そのものとなって表出するという意味で，企業に影響を与えるとした。中小企業の経営特性から考えると，所有者であり，経営者であるという点で，さらに，個人的特性が強い影響を及ぼすと言える。外部環境の変化に適応するという視点で考えると，中小企業の経営者は，その個人的特性によって戦略が大きく異なり，経営資源の差以上に個人特性の差が影響する可能性がある。

第4節　内部成長戦略と辺境の創造性

　内部成長戦略とは，自社内部の経営資源（強み）を活用して成長を図る方法であり，徐々に成長を図っていくために，その過程で新しい資源の蓄積や能力の学習が行われ，自社に特有のものとして形成されるという特徴がある。例えば，新製品開発と社内ベンチャーに基づく事業創造の2つに分類して検討できる。我が

国企業の競争力の源泉を築いた新製品開発は，企業内に蓄積された既存の経営資源を活用して，新製品を開発することから成長を目指す。自社内部で時間をかけて研究開発や技術開発を行い，将来にはコア・コンピタンス[4]として形成されていく。ハメル＆プラハラード（1995）は，コア・コンピタンスを応用させ，レバレッジ戦略という戦略モデルを提唱した。これは，より少ない経営資源でより多くの成果を得ようとする経営戦略である。レバレッジ戦略をうまく実行することで企業は理想と現実とのギャップを埋められるとしている。そして，変化する環境と企業内部における学習を適合させるための漸進的な意思決定を可能にしていくのである。内部開発を継続的に進めることにより，社内に蓄積されたノウハウなどは，価値のある経営資源（見えざる資産）となり，さまざまな製品開発に応用できるために，競争優位性を高め，さらなる事業拡大を導く。ただし，技術革新の激しい環境においては，すぐに新しい技術は陳腐化する可能性もある。

　企業の成長には，すでにある事業の成長に引きずられた成長（受動的成長）と企業自身の創造による成長（能動的成長）とがある（伊丹　1984）。

　能動的成長は，通常，新しい戦略やパラダイムを伴っている。そして，このような新しい創造は，業界の中枢企業ではなく，中枢の企業と比べると情報も十分ではなく，経営資源も豊かではない辺境の企業（伊丹・加護野　2005，484-485頁）。によって生み出されることが多い。そして，その理由を「辺境の創造性」として説明している。辺境の創造性の1つめとして，辺境の脆弱性があげられる。辺境の企業や1つの企業の辺境の事業は，つねに存続が危ぶまれる限界組織であることが多い。このような限界組織は，中枢の企業（主に大規模企業）と比較すると，環境の変化に対して敏感である。環境の小さな変化が組織の存続を危うくするからである。そのために辺境の企業や辺境の事業は，自分たちを取り巻く環境の変化に敏感にならざるを得ない。このような外部環境の変化に対する敏感さが，ときに新しい戦略や新しいパラダイム創造の機会の発見につながることがある。

　しかし，機会を発見したからといって，それをうまく利用するだけの資源が不足している。辺境の企業（事業）が，新しい戦略を実行するためには，資源の不足を補う何かが必要となる。伊丹・加護野（2005）は，その何かを「企業家が創造する新しいコンセプト」（485-486頁）とし，2つめの辺境の創造性として説明している。

　辺境の企業の創造性の２つの鍵である脆弱性と創造性を支えているのは心理的エネルギーである。機会の発見，それを利用するための知恵の動員は，自然発生しない。限界組織が生き残る方法は多様である。これまでの戦略を継続し，さらに効率化を進めていくことで生存可能になるかもしれない。しかし，ある異種の企業家は，そのような道を選ばずに，新しい戦略の創造を目指すのである。

　伊丹・加護野（2005）は，「このような戦略の創造を行う企業家は，大きな心理的エネルギーを持っている。このような心理的エネルギーはまれなものである。辺境の組織は数多くあるが，その中でも新しい戦略やパラダイムを創造することができるのはごくわずかである。」（486-487頁）としている。

　シュンペーター（1998）は，「新しいことを行うのは，慣行的なものや試験済みのことを行うよりも実際的に困難である。新しい計画は反対される。人びとの考えは，慣行の軌道を歩く習慣が潜在意識となっているため，結論は慣行的に自動的に導き出されやすい。従来のやり方が批判されたとしても，人びとの考えは再び慣行の軌道に立ち返ってくる。」（126頁）とし，創造には，大きな心理的エネルギーが必要となることを暗示している。

　中小企業のマネジメントという視点から考えると，中小企業は辺境の企業ととらえることができる。中小企業は，経営資源が少なく，市場への創造的適応が困難であると思われがちである。しかし，このような環境の中で，競争力が必ずしも十分でないのに，新事業をあえてするという行動に出る企業もある。このような戦略をオーバーエクステンションと呼んでいる。近年，自ら商品を企画し，自ら販売活動を行う，自立した中小企業が増加しつつある。これらの企業の経営者たちは，自社の持つ強みを生かしたうえで，少ない資源を活用し，事業機会を創出している。

第5節　経営者の個人特性としての経営哲学による影響

1．経験と学習から生まれる革新への意欲

　Tregoe *et al.*（1989）は，経営者の経営哲学が，企業の環境認識の枠組みや戦略策定の傾向，組織のコントロール方法への影響を通じて，企業に影響を及ぼすだけでなく，組織成員（すなわち社員）にある種の価値観として共有されること

で，企業の将来の業績と生存可能性に大きな影響を及ぼすとした。経営者の個人的特性，とりわけ，経営者自身の内面に関わる特性が企業活動そのものに影響を及ぼすという知見からは，経営者の一連の意思決定のパターンとして現れる創発戦略が，その試行錯誤のプロセスそのものが経営者の経営哲学の影響を免れえないということが示唆される。経営者の経営哲学が，経営者の意思決定の基盤としての影響を通じて，企業の戦略に影響を及ぼすと考えると，経営者の経営哲学は，とりわけ，戦略策定プロセスにおいて経営者の占める役割が大きくなるような中小企業では，試行錯誤を繰り返す中での経営者の意思決定のパターンとして結果的に現れる戦略に，その意思決定の基底としての影響を及ぼすことが考えられる。

　このことから，保有する経営資源や直面する環境などの条件から経営成果を考察できる可能性も指摘されている。これらを「経営者の質」と呼ぶこともできるが，経営者の経営哲学といったある程度読み取りが可能な個人的特性との関係性によって分析することもできる。どのような企業であっても，最終的な意思決定者である経営者の企業活動に対する影響力は大きい。とりわけ中小企業では，その関与の度合いの大きさから，経営者の持つ個人的な特質が企業に色濃く反映される。つまり，経営者自身の人間関係を通じて，経営する企業そのものが何らかの便益を享受できると考えられるのである。具体的には，経営者自身を取り巻く社会的な関係の中で動員された資源や，関係性を利用してなされた学習が，事業運営や戦略策定などの企業に関する活動に用いられる可能性が示される。企業の経営者は多様な関係性の中にいるととらえることが可能なのである。それは，自らが企業を経営してきた際の取引関係者や同業者との間に形成された事業上の関係や，自社が活動してきた地域との間で形成された地域的な関係，そして，当該経営者の先代にあたる経営者との間の世代間の関係などもある。

　中小企業の経営者は既存事業を運営する中で，これらの関係の上に存在する主体を活用して，事業転換につながる新規事業設立に有益な情報や知識を獲得できる。さらに，そうした直接的関係にある主体からだけではなく，彼らを介して間接的な関係にある主体を活用して，同様に有益な情報や知識を獲得できる。中小企業の経営者は，既存事業を運営しながら，そのような広大で多様な関係性を利用することで，試行錯誤を行い，さらには個人的な取り組みによって獲得可能な量を上回る情報や知識を獲得できる。このように，経営者個人の関係性を利用し

た学習を通じて戦略が形成されることも可能となることが考えられる。

2. 国際起業家の出現

　近年，ICT の世界的普及や国際的ビジネス経験を有する経営者の増加などの理由により，経営資源を多く持たないベンチャー企業や中小規模企業においても国際ビジネスを行う機会を得ることが可能となっている。このような環境下において出現したのが国際起業家と呼ばれる経営者である。

　1980 年代後半以降，多くのベンチャー企業が国内市場での優位性を獲得する以前に，海外市場に参入する事例がみられるようになった。このような起業家の特徴として，起業から間もなく海外市場を目指す（複数国に進出），海外投資経験がないにもかかわらず，国際合弁会社を設立するということがあげられる。このように新しい起業家たちが増加した背景には，輸送やコミュニケーションの技術の進展，留学などの国際経験を積んだ人の増加，市場のグローバル化の急速な進展などが考えられている。

　Etemad（2004）は，若い起業家精神を有する企業の国際化と外国市場での成功に影響を与える理論とその主要因について検討している。最も重要な要因は企業活動における起業家の直接的影響力，特に経営者の経験および国際化志向であるとした。そのうえで，国際化を推進するほかの内部要因について，事業活動の経済性，競合企業の特性，R&D と革新の経済性，企業の国際事業活動の戦略的論理性などをあげている。

　若い起業家は普通失敗を受け入れる余地があり，攻めの姿勢は特に新市場で生き残り成功するには重要である。若い起業家はあまり外国市場では知られていない。それらは「新参者の不利益」を経験する。そのため，ステークホルダーに対して正当性を確保する手段を講じる必要がある。このような起業家的姿勢は当該企業が海外での業績を向上させる戦略的主導権を形成し，実現する上で役立つ可能性がある。

　起業家的志向は個性的な起業家能力や展望を有する可能性も指摘されており，企業を国際市場において躍進させる可能性がある。いくつかのベンチャー企業では，この起業家志向が強力なマーケティング・スキルである他の資源などと結合し，海外市場で機会を発見し，それを活用することが可能になっている。リスクに拘束されていると成果はなかなか見いだせないが，海外という新たな市場環境

に挑戦する起業家志向は国際的なビジネスの成功を増大させる可能性を拡大する傾向がある。従って，事業承継を進め，若い国際的な起業家が次世代の中小企業を担っていくことは，国際マーケティング戦略の開発や策定において大いに役立つことになる。

おわりに——地域中小企業の創造性

新しい創造は，業界の中枢企業ではなく，中枢の企業と比べると情報も十分ではなく，経営資源も豊かではない辺境の企業によって生み出されることが多いことから中小企業の事業機会の創出の可能性について述べたが，多くの中小企業は，将来的に負の問題を抱えている。その中でも大きな問題は経営者の高齢化である。

経営者の高齢化は，過去の成功体験へのこだわりや時代に即した経営方針を打ち出せないほか，後継者がいない場合は生産性向上につながる投資にも消極的である。すなわち創造性に必要な強い心理的エネルギーを持ち続けることができないということである。これらのことが業績悪化につながっているとみられている。

中小企業において，これらの問題解決のきっかけとなる要因の１つに事業承継がある。中小企業経営の最大な問題ともいえる経営者の高齢化は，事業転換や新規事業の立ち上げ，系列的な経営からの脱却に対しマイナスの影響を与えていることは，先述の通りである。この課題解決の方法として考えられるのが，事業承継をきっかけとする経営革新である。中小企業の事業承継は必ずしも活発ではない。そのため，中小企業の経営者の平均年齢は上昇傾向をたどっている。多くの中小企業では，事業承継によって経営者の若返りを図ることが課題となっているとはいえ，当然のことながら，経営者の年齢が若くなるだけでは，業績の改善にはつながらない。

中小企業の場合，経営者の力が企業の力ともいわれ，経営者の手腕が経営状況を左右する。そのため経営者が高齢化し，体力や気力に陰りが生じると経営状況が悪化する傾向がある。すると，事業の将来性に期待できなくなり，後継者だけではなく，経営者にも事業承継のモチベーションが上がらず，経営者の高齢化だけが進んでいく。最終的には，経営者や企業の体力が尽きた時点で，休廃業や解

散，最悪の場合は倒産に至ることになる。業績を改善するには，後継者が，事業を承継してから従来の経営を変えたり新しい事業にチャレンジしたりすること，すなわち創造性への挑戦が重要である。新たに経営に取り組む若い後継者であれば過去にとらわれることは少ない。また，これまでなかった感性や考え方などの特性を活かした斬新な発想が期待できる。事業承継は企業を存続させるために重要である。

　平成 29 年中小企業白書（中小企業庁 2018）によれば，新事業展開に成功した企業と成功していない企業を比較すると，成功した企業の方が，若い経営者の比率が高い傾向にある。

　自立の程度を高めた状況で企業が生き残るためには，自ら販路を開拓しつつ，利益を上げなければならない。中小企業，特に製造業においては，これらの活動に取り組んでいく必要があり，既存企業における経営革新の必要性は増大している。

　このような経営革新の効果が現れるのは，企業内部だけにとどまらない。企業のある地域，企業の属する産業にも波及することがある。以前は個々で勝負していた企業が結束し，総力をあげて集団としての競争力を高めていくからである。

　中小企業にとって，事業承継は経営革新の好機であることに異論はない。これから事業承継を迎える企業がその機会を最大限に活かし，大きく飛躍することが期待される。

［注］

1) 本章での会社とは，会社法上の株式会社，合名会社，合資会社および合同会社の 4 つを指す（会社法 2 条 1 号）。広義の会社としては様々な法人を含めて会社と考えることもあるが，後者は企業としてとらえることとした。
2) 1929 年当時のアメリカにおける巨大企業の株式が，特定の個人ではなく，多くの人々に分散して所有されており，その経営は株式をほとんど所有していない専門的な経営者によってなされるようになっているということを提示している。
3) 本研究では，大規模企業の問題として「所有と経営の分離」を例示しているため，問題の詳細については言及しない。詳しくはバーリ＆ミーンズ（2014）の研究を参照。
4) コア・コンピタンスとは，企業の中核となる強みのことである。ハメル＆プラハラード（1990）は，「顧客に対して，他社には真似のできない自社ならではの価値を提供する，企業の中核的な力」と定義した。詳しくは，Hamel & Prahalad（1990）を参照。

［参考文献］

アンゾフ，H. I.（1965）『企業戦略論』（広田寿亮訳）産業能率短期大学出版部。
石井淳蔵・石原武政編（1996）『マーケティング・ダイナミズム』白桃書房。
伊丹敬之（1984）『新・経営戦略の論理　見えざる資産のダイナミズム』日本経済新聞社。

伊丹敬之・加護野忠男（2005）『ゼミナール経営学入門』日本経済新聞社。

石原武政（1982）『マーケティング競争の構造』千倉書房。

太田一樹・文能照之・池田潔（2007）『ベンチャービジネス論』実教出版。

大前佑斗・糟谷理恵子・吉野華恵・三井貴子・高橋弘毅（2016）「留学経験が自発的活動・キャリア形成に与える影響の検討」日本教育工学会論文誌　第40巻。

落合康裕（2016）『事業承継のジレンマ：後継者の制約と自律のマネジメント』白桃書房。

シャイン，E. H.（2004）『企業文化―生き残りの指針―』（金井壽宏監訳，尾川丈一・片山佳代子訳）白桃書房。

シュンペーター，J. A.（1980）『経済発展の理論』（塩野谷祐一・中山伊知郎・東畑精一訳）岩波書店。

シュンペーター，J. A.（1998）『企業者とは何か』（清成忠男編訳）東洋経済新報社。

田中史人（2004）『地域企業論』同文館出版。

丹下英明（2016）『中小企業の国際経営―市場開拓と撤退にみる海外事業の変革―』日本政策金融公庫総合研究所編，同友館。

中小企業庁（2016）『事業承継ガイドライン』。

中小企業庁（2018）『平成29年中小企業白書』「第2部中小企業のライフサイクル」。

土屋勉男・金山権・原田節雄・高橋義郎（2015）『革新的中小企業のグローバル経営』同文館出版。

帝国データバンク（2016）「平成27年度中小企業の成長と投資行動に関する調査報告書」。

ドラッカー，P. F.（1985）『イノベーションと企業家精神―実践と原理―』（上田惇生・佐々木実智男訳）ダイヤモンド社。

額田春華・山本聡編（2012）『中小企業の国際化戦略』同友館。

バーナード，C. I.（1968）『経営名著シリーズ　新訳　経営者の役割』（山本安次郎・田杉競・飯野春樹訳）ダイヤモンド社。

バーナード，C. I.（1972）『組織と管理』（関口操監修，遠藤蔦美・関口和雄訳）千倉書房。

バーリ，A. A. & ミーンズ G. C.（2014）『現代株式会社と私有財産』（森杲訳）北海道大学出版会。

ハメル，G. & プラハラード，C. K.（1995）『コア・コンピタンス経営―大競争時代を勝ち抜く戦略―』（一條和生訳）日本経済新聞社。

ペンローズ，E. T.（1980）『会社成長の理論（第二版）』（末松玄六訳）ダイヤモンド社。

渡辺幸男・小川正博・黒瀬直宏・向山雅夫（2006）『新版　21世紀中小企業論』有斐閣。

Etemad, H.（2004）"International Entrepreneurship as a Dynamic Adaptive System：Towards a Grounded Theory", *Journal of International Entrepreneurship*, March 2004, Volume 2, Issue 1-2, pp. 5-59.

Tregoe, B. B., Zimmerman, J. W., Smith, R. A. & Tobias, P. M.（1989）*Vision in action: putting a winning strategy to work,* Simon & Schuster.（中島一訳『戦略経営の実現―ビジョンの構築と実践の方法―』ダイヤモンド社，1990年。）

Hamel, G. & Prahalad, C. K.（1990）"The Core Competence of the Corporation", *Harvard Business Review,* May-June 1990.

Howard, J. A.（1957）*Marketing Management,* Homewood.（田島義博訳『経営者のためのマーケティング・マネジメント』建吊社，1960年。）

第 Ⅱ 部

地域企業と産学官連携,
そしてグローバルな人材育成

第6章

地域中小企業の企業間連携による
新規産業創出の類型
——航空宇宙産業への参入事例から——

下畑　浩二

🔑 キーワード：●地域中小企業　●企業間連携　●新産業創出　●航空宇宙産業
　　　　　　　●地域性

はじめに

　グローバル競争下での地域創生のために，産官挙げて地域中小企業の連携による航空宇宙産業[1]への参入が促進されている。当研究では，地域の新産業創出として同産業に参入して受注実績がある，あるいは受注活動をしている主要な事例の中から長野県飯田下伊那地域，新潟市の2つの事例を取り上げ，地域の生き残りをかけての地域中小企業の共創と域内企業連携（あるいは域内中小企業を中心とした企業連携，以下，域内企業連携と呼称）による新規産業創出の類型化を図る。類型化に際して各社の固有技術と各地域の「地域性」が共創と連携に如何に組み込まれるかに着目した。これによって，地域創生を旗印に持続的成長を図る各地の中小企業や各連携が必要なものを把握し，また，各地域の「地域性」の活かされ方を考え，生き残り方を模索するきっかけを提供したい。次節では，当研究の背景を描きながら研究対象を選定し，また，分析枠組を提示する。第2節では，飯田下伊那地域と新潟市の地域中小企業連携を説明した上で同企業間連携をネットワーク組織と捉えて経営戦略の視点から分析・考察する。第3節では，地域中小企業連携の類型化を行い，企業間連携で「地域性」が如何に組み込まれ強調されるのか，そのメカニズムを考察する。

第1節　研究の背景と分析枠組

1. 研究の背景とそれによる研究対象の選定

　1990年前半，日本の地方における製造業は，(1)重層的な下請分業構造の下層に位置し，(2)親企業・地域中核会社による海外への生産拠点のシフトによる産業空洞化の影響を受ける，という傾向を示していた。(1)は，例えば，完成品メーカーの下請として地方に在地する地域中核企業が地域内の中小零細企業（以下，地域中小企業）を単工程下請とするケースである。地域中小企業は，親企業や地域中核企業からの受注が安定しており，自社が持つ専門的技術を活かした強みを下請分業構造の中で培っていた。この特徴は産業空洞化が現れるまでは製造業では競争力の源であった。(2)は，(1)の特徴を地域に保持した状態での親会社・地域中核企業の中核事業の生産拠点の海外シフトが，地域中核企業や地域中小企業の仕事を減少させ，それらの一部に淘汰を招き，(1)の下請分業構造を揺るがした。これにより，産業空洞化が一層顕著になるとともに，地域中小企業の強みがますます活かせないことが露呈した。

　こういった流れを受けて，域内企業間連携による新産業創出を通じた様々な地方創生・地域活性化のための政策フレームワークが行政府によって策定・実施された。その中で地域の産官学（金）が新産業創出を目指して航空機や製薬業など今後の需要を見込んで成長産業と位置づけられた産業へと取り組むケースが昨今多くみられる。

　また，航空宇宙産業の特徴からも，域内企業間連携が促進されている。航空機は40年間も飛び続けるものである。製造に関わる企業は機体が廃棄されるまでの期間，部品供給が継続可能であることが要求されるため，安定的な経営と航空宇宙事業の継続が求められる（下畑 2019，226頁）。空を飛ぶ乗り物であるために同業界の参入障壁は高く，既存企業は互いに長い時間信頼を蓄積して今後の供給の継続に信頼を得ている。このため，新規産業企業は参入後10年経ってようやく仕事がとれるかどうかという長いリードタイムを経ることになり，安定して事業に取り組めることが求められている（下畑 2019，227頁）。更には新機種開発毎に新技術・新素材導入が図られて開発コストが増大しており，完成機メーカー

（以下，プライムメーカー）は各部位ごとにリスクと利益を分担する開発パートナーを持ち，これら企業が下請け企業に一層のコストカットを求めている。下請企業には一工程で受発注を繰り返す時間的金銭的な非効率を防ぎ，いくつかの工程を一貫して受け持つことが受注を得やすくなる。このため，既に参入，あるいは参入を試みている地域中小企業は各社が持つ経営資源の限定性と事業環境の構築と維持から地域の中小企業が連携し合い，自治体，大学，金融機関の支援を得て一貫生産体制を作り上げるケースが多い。

　2020年6月30日時点で航空機クラスターと位置づけた企業ネットワークが全国で少なくとも44存在する（全国航空機クラスター・ネットワーク，ウェブサイト・トップページ検索）が，共同受注体として仕事を受注しているものから参入を希望する研究会に留まるものまで様々である。既存の参入企業の連合体や機体開発パートナーの下請企業による連携であるクラスター（AMATERAS [Advanced Manufacturing Association of Tokyo Enterprises for Resolution of Aviation System]，航空機部品生産協同組合［松阪クラスター］など）が存在するが，共同受注・一貫生産体制を整備し受注実績がある，あるいは受注活動をしているクラスターで主なものはエアロスペース飯田，NIIGATA SKY PROJECT，航空機部品生産協同組合［松阪クラスター］，九航協エアロスペース・ネットワークなどである。特に前者3つを抱える地域（長野県飯田下伊那地域［飯田市及び下伊那郡］，新潟県新潟市，三重県松阪市）は，地域経済が抱える課題に対処するために「地域中小企業に対して共創の場を設けて産官挙げて支援して企業間連携へと結びつけている地域」，「同産業の既存企業と新規参入企業の多くを市外・県外から移植した地域」という2つと，「既存の下請け企業による地域中小企業の連合体」1つ，に区分できる。「地域創生のための新規産業創出の取り組み」に限定するならば前者2つが地域中小企業の持続的成長のための分析・考察材料となり，地域性の影響が考慮できるケースである。

　このことから，当研究では地域との共創，地域特性が地域企業の持続可能性に与える影響に焦点を当てるため，地域中小企業と地方自治体の連携が核として存在する企業間連携を研究対象とする。「飯田下伊那地域における航空機産業」（共同受注体であるエアロスペース飯田，多摩川精機㈱，多摩川パーツマニュファクチャリング㈱，そして新潟市の航空機産業集積ネットワーク「NIIGATA SKY PROJECT」を取り上げる。

2. 分析枠組

　地域中小企業の持続可能性のための地域特性の重要性に焦点を当てた研究は存在するが，そのうち航空宇宙産業への参入に関する研究は限られる（例えば，下畑 2019）。本研究では同産業参入ケースに捉われずに中小企業ネットワークを共創の場として形成・維持することで競争の源泉となることを理論的に捉え，これを分析枠組に採用する。中小企業は各工程に専門特化した技術や技能を有しており，自社にはない技術や知識を以て新たな製品を創出するには企業やその他団体と連携（企業間連携，産官連携，産学連携，産官学（金）連携等）するものである，とここでは理解する。企業間連携における信頼やその高まりによる凝集性を通じて今後も同連携が維持されていくという捉え方から考えればネットワークを信頼と組織学習の視点（例えば真鍋・延岡 2003）から分析・考察することが望ましいであろう。しかしながら，本研究では，次のような状況が存在する。プライムメーカーと開発パートナーの意思決定は機体製造コスト削減のために極めて合理的であるとともに，地域中小企業側では，航空機産業は参入後にその製品の信頼性が理解され，40年以上の安定した長期に渡って航空宇宙事業に従事できる意思決定ができる企業としてプライムメーカーと開発パートナーに判断されて仕事を発注されるのに10年近くかかる（下畑 2019, 227頁）。地域のみならず企業の生き残りをかけての地域中小企業（同産業の既存企業と新規参入企業ともに含む）同士の強みを利用してこれら企業が互いに持たないモノを補完しあうことで生まれる共創と連携を戦略的側面から見ていくことにする。つまり，ネットワーク内の資源配分やメンバーの利益追求行動に関係する既存研究の視野や分析枠組を利用することがより一層望ましいと考え，これを利用する。これらに関する既存研究については，古くは宮沢健一による経済合理性からみた研究（1988），そして西口敏宏によるネットワーク参加による「レント」（2003）に焦点を当てた研究などがある。当研究は，中小企業連携による地域企業の事業の持続可能性に焦点を当てるため，経営戦略論的視点から「連携したグループをひとつの企業に見立て，そこでの資源配分を見る」（池田 2019, 179頁），池田潔の視点を参考とする。

　当研究での「地域特性」とは研究対象地域における産業集積の特徴を指し，これを地域内の企業間連携によるネットワークが競争の源泉とすることで競争力を得て地域活性化の推進役となっていると考える。それによって共同受注や共同開

発から得られるネットワーク内の資源配分に留意するという経営戦略論的な視点を持ちながら地域中小企業による航空宇宙事業の連携を分析・考察する。

第2節　飯田下伊那地域と新潟市における航空機産業の取り組み

1. 1990年代前半以降の地域経済の状況と両地域の航空機産業への参入経緯

　1990年代前半，地方の製造業では，完成品メーカーの下請けである地域中核企業に対して地域中小企業がその下請けとなって仕事を回して貰う垂直的で重層的な下請分業構造が形成されていた。その一方で，日本企業は地域の生産拠点を縮小・撤退させて急激に工業化が進展したアジア諸国へとその生産拠点を移す，産業空洞化が生じていた。この特徴は完成品メーカーである親企業や地域中核企業で顕著に表れ，地域中小企業の仕事が減ることになった。更にバブル経済崩壊の影響が1990年代に強く現れることで地域中小企業は仕事が一層減り，賃金引き下げ，希望退職募集，悪いと倒産という状況に陥った。

　状況打開のために長野県飯田市では，1995年以降「地域内企業の協力風土の醸成」を目指して次の4点で企業間連携が行われるようになった。(1)アントレプレナー（市民起業家）の活躍，(2)共同体をつくる風土を醸成，(3)円高や新興国の台頭に対抗できる産業づくり，(4)域内大手事業所による改善研究会の設立，である（萩本 2015, 1頁）。(4)については，地域中核企業である多摩川精機，オムロン飯田，平和時計で1996年に三社改善研究会を設立，更に発展して地域ぐるみISO研究会となって環境を扱うとともにここに三菱電機が加わった。こういった集まりが企業間の交流を深化させつつ共創の場を形成し，やがては「航空機産業への参入」に団結させるに至ったと考えられる。

　三社改善研究会時に平和時計社長であった松島信雄氏が，シチズン平和時計（平和時計が2005年に商号変更）顧問退職後に産業振興機関にて飯田と伊那の振興に従事する中，製造業の国内空洞化，地方の過疎化と少子化による経営・従業員両面の人材難などが，地域経済を沈下させると予見し，他の地方とは明らかに異なる新産業創出の必要性を考え，航空機産業への参入案を持つに至り，萩本氏に相談をした。

　この流れを受けて2006年5月開催の「航空機関連産業の講演会」で講演を行っ

た萩本博文氏が航空機ビジネスへの参加を呼びかけて，飯田航空宇宙プロジェクトが発足したのである。また，飯田市など行政は，航空宇宙産業プロジェクトも含めた地域企業の連携を通じた地域経済発展のために，（公財）南信州飯田産業センターを企業の「共創の場」とした（牧野 2018, 37, 40, 42頁）。これらの状況から飯田航空宇宙プロジェクトは民間主導，行政はサポート的な役割を担っていると考えられる。

　一方，新潟市は，次の状況や経緯を経て航空宇宙産業を創出・発展させてきた。新潟県を4大生活圏に分けたうちの一つ，新潟市を含む新潟圏（新潟市，新津市，白根市，豊栄市，安田町，京ヶ瀬村，水原町，笹神村，小須戸町，横越村，亀田町，巻町，西川町，黒崎町（旧），味方村，潟東村，月潟村，中之口村）は，1996年（平成8年）から2001年（兵営13年）の間に続く産業空洞化が他の圏と比べて著しい（鈴木 2004, 636-637頁）状況であった。新潟圏は，食料品，金属産業，化学が主な産業であるが，1996年を100とした2001年の付加価値額が70台に減少したのは，飲料，繊維，木材，家具，窯業土石，非鉄金属，金属製品，一般機械，輸送機械であり，100を超えたのはパルプ，出版印刷，科学，プラスチック，鉄鋼，電気機械となった（鈴木 2004, 639頁）。

　このような状況下で，新潟市役所において宮崎博人氏（現新潟市経済部企業立地課航空産業立地推進室長）が航空機産業誘致を担当するとともに，2009年には企業立地促進法（企業立地の促進等による地域における産業集積の形成及び活性化に関する法律，2007年施行）を利用して，企業立地の支援措置（補助金）の対象業種として「食品・バイオ」，「高度ITシステム」，「航空機」を打ち出した（山岡 2016, 123頁）。これにより，新潟市の航空機関連産業の産業集積とその活性化のために支援措置が図られることになった。

2. 飯田下伊那地域における企業間連携

　2019年12月28日時点での飯田下伊那地域に所在する企業の航空宇宙産業への推定参入企業数は，46社＋1共同受注体である。内訳は，(1)5つの推進事業に対して緑地規制の緩和，課税の特例，利子補給金といった支援措置が得られる「アジア No. 1 航空宇宙産業クラスター形成特区」参加企業が33社（うち飯田航空宇宙プロジェクト19社を含む），(2)飯田航空宇宙プロジェクトが31社，及び同プロジェクトの共同受注推進ワークショップであり実際に共同受注体であるエアロ

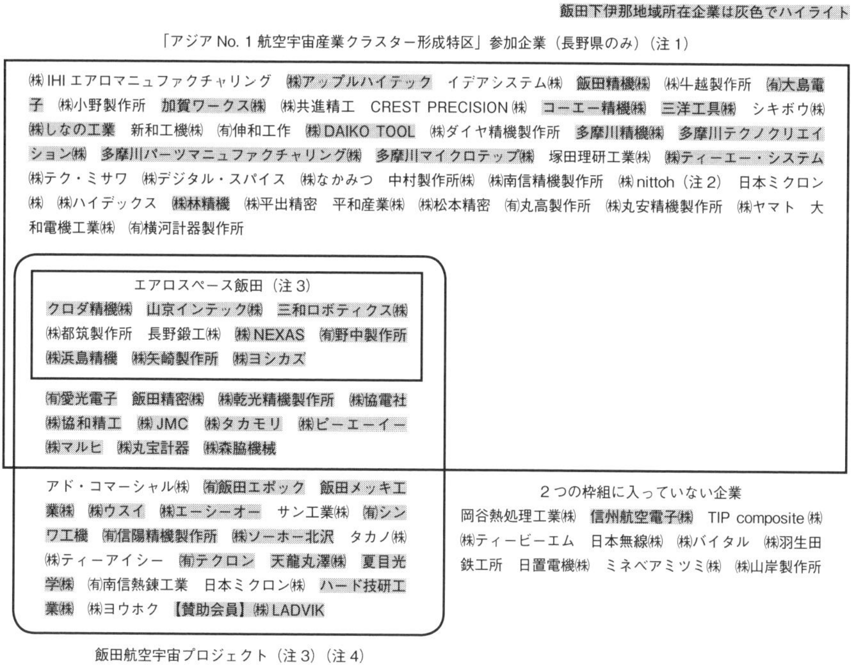

飯田下伊那地域所在企業は灰色でハイライト

「アジア No. 1 航空宇宙産業クラスター形成特区」参加企業（長野県のみ）（注 1）

㈱IHI エアロマニュファクチャリング　㈱アップルハイテック　イデアシステム㈱　㈲飯精機㈱　㈱斗越製作所　㈲大島電子　㈱小野製作所　加賀ワークス㈱　㈱共進精工　CREST PRECISION ㈱　コーエー精機㈱　三洋工具㈱　シキボウ㈱　㈱しなの工業　新和工機㈱　㈲伸和工作　㈱DAIKO TOOL　㈱ダイヤ精機製作所　多摩川精機㈱　多摩川テクノクリエイション㈱　㈱多摩川パーツマニュファクチャリング　㈱多摩川マイクロテップ㈱　塚田理研工業㈱　㈲ティーエー・システム　㈱テク・ミサワ　㈱デジタル・スパイス　㈱なかみつ　中村製作所㈱　㈱南信精機製作所　㈱nittoh（注 2）　日本ミクロン㈱　㈱ハイデックス　㈱林精機　㈱平山精密　平和産業㈱　㈱松本精密　㈲丸高製作所　㈱丸安精機製作所　㈱ヤマト　大和電機工業㈱　㈲横河計器製作所

┌─────────────────────────────┐
│ エアロスペース飯田（注 3）
│ クロダ精機㈱　山京インテック㈱　三和ロボティクス㈱
│ ㈱都筑製作所　長野鍛工㈱　NEXAS　㈲野中製作所
│ ㈱浜島精機　㈱矢崎製作所　㈱ヨシカズ
│
│ ㈲愛光電子　飯田精密㈱　㈱乾光精機製作所　㈱協電社
│ ㈱協和精工　㈱JMC　㈱タカモリ　㈱ビーエーイー
│ ㈱マルヒ　㈱丸宝計器　㈱森脇機械
└─────────────────────────────┘

アド・コマーシャル㈱　㈲飯田エポック　飯田メッキ工業㈱　㈱ウスイ　㈱エーシーオー　サン工業㈱　㈲シンワ工機　㈲信陽精機製作所　㈱ソーキー北沢　タカノ㈱　㈱ティーアイシー　㈲テクロン　天龍丸澤㈱　夏目光学㈱　㈲南信熱錬工業　日本ミクロン㈱　㈱ハード技研工業㈱　㈱ヨウホク　【賛助会員】LADVIK

2 つの枠組に入っていない企業

岡谷熱処理工業㈱　㈱信州航空電子㈱　TIP composite ㈱　㈱ティービーエム　日本無線㈱　㈱バイタル　㈱羽生田鉄工所　日置電機㈱　ミネベアミツミ㈱　㈱山岸製作所

飯田航空宇宙プロジェクト（注 3）（注 4）

（注 1）　参入企業及び飯田航空宇宙プロジェクトの名の下に同産業参入に名乗りを上げている企業を含む。なお，出所資料掲載のうち 1 社が 2018 年 6 月に破産手続き開始が決定（長野地方裁判所飯田支部）されたがその後の資料で掲載されている。同企業を除いて作図した。
（注 2）　アジア No. 1 航空宇宙産業クラスター形成特区推進協議会事務局ウェブサイト　掲載資料『「アジア No. 1 航空宇宙産業クラスター形成特区」区域別事業者等一覧』（2019 年 12 月 18 日指定日時点）では日東光学㈱との記載だが，日東光学㈱が 2017 年に㈱ nittoh と社名変更のため，当図では㈱ nittoh と記載する。
（注 3）　共同受注体であるエアロスペース飯田は，そのウェブサイト・トップページ「参加企業一覧」では 10 社構成だが，全国航空機クラスター・ネットワーク　ウェブページ「エアロスペース飯田」には 41 社掲載のため，飯田航空宇宙プロジェクトと解釈して記載した。
（注 4）　県外の参加者として㈱加藤製作所（岐阜県中津川市）が存在する。
（出所）　拙稿（2020）「第 2 章 3 節　長野県における事例」，（一財）機械振興協会経済研究所『調査研究報告書　国内航空機産業クラスターの課題と地域中小企業の役割　―ケベックモデルから学ぶこと―』43 頁掲載の，図表 2.3.1：長野県下の航空宇宙産業参入企業（2019 年 12 月 18 日時点での推定）を基に，アジア No. 1 航空宇宙産業クラスター形成特区推進協議会事務局，ウェブサイト掲載資料『「アジア No. 1 航空宇宙産業クラスター形成特区」区域別事業者等一覧』（2019 年 12 月 18 日指定時），全国航空機クラスター・ネットワーク　ウェブページ「エアロスペース飯田」，長野県産業労働部ものづくり振興課（2018）『長野県の航空産業参入企業リスト』（H30 年日本語版），信州航空電子㈱，㈱ DAIKO TOOL それぞれのウェブサイトで所在地を確認して筆者作成。

図 6-1　長野県における航空宇宙産業参入企業（2019 年 12 月 28 日時点の推定）

スペース飯田（全 10 社のうち，飯田下伊那地域所在の企業は 8 社），(3)(1) と (2) どちらにも属していない企業 1 社である（図6-1 参照）。なお(1)と(2)どちらにも参加していて重複する企業数は 19 社である。ここでは飯田下伊那地域に所在す

る企業を核とした企業連携である(2)に対する行政と地域中核企業による支援を事例として取り上げる。

　2006 年に飯田下伊那地域の地域中小企業が集まり飯田航空宇宙プロジェクトを立ち上げた。同プロジェクトの中の一ワークショップである，共同受注体のエアロスペース飯田は，機械加工メーカーの集まりであるため，2017 年に多摩川パーツマニュファクチャリング㈱が設立されるまでは熱処理や特殊加工，表面処理，非破壊検査などは他の企業に頼るほかなく，機械加工の一貫生産で留まってしまう（高田 2016, 10 頁）ことになった。エアロスペース飯田というネットワーク組織のメンバー企業間では専門特化した技術や技能が機械加工の範囲でのみ分業しており，その範囲では低コストを要求するプライムメーカーの開発パートナーから仕事を受注することが厳しい。この限界を補うため，2017 年に（公財）南信州・飯田産業センターが国庫補助金，県補助金，市補助金，自己資金，計 5 億 4,700 万円をかけて（下畑 2019, 237 頁）「航空宇宙産業クラスター拠点工場」を設置して多摩川パーツマニュファクチャリング㈱が入居して熱処理と表面処理，非破壊検査を担うことになった。2017 年以降多摩川精機㈱，エアロスペース飯田が核となって同地域の航空宇宙産業クラスターを形成し，地域活性化を図ろうとしている。

　このように，飯田下伊那地域では行政と地域中核企業からの支援によって地域中小企業が導かれつつもボトムアップ型の中小企業連携によって地域活性化する手段となっている。その連携はその内部で適切な資源配分が可能であり，新型コロナウイルスの影響が航空宇宙産業に影響を与える前である 2018 年から 2019 年時点においては，Boeing と MRJ（Mitsubishi Regional Jet）から持続的な受注を得ることで実際に機能しているといえよう。飯田下伊那地域は航空宇宙産業への取り組みを通じて「地域中小企業に対して共創の場を設けて産官挙げて支援して企業間連携へと結びつけている地域」である。

3.　新潟市における企業間連携

　新潟市は，航空機関連産業支援として NIIGATA SKY PROJECT に取り組み，カーゴ UAS（貨物無人飛行機）の開発支援，新たな生産体制として共同工場の実現と支援，海外航空ショー（パリ・ファンボロ）へ連続出展，国際認証の取得支援補助金，新たな航空機産業集積となる MRO 事業の提案（NIIGATA SKY

PROJECT『NIIGATA SKY PROJECT の概要』, 1枚目) を実施している。

　この NIIGATA SKY PROJECT に属するのは2つの組織, すなわち(1)エンジン部品共同工場に属する4社, (2)NSCA (Niigata Sky Component Association) の7社, 計10社である。(1)エンジン部品共有工場については, JASPA㈱ (本社:神奈川県横浜市), YSEC㈱ (山之内製作所, 本社:神奈川県横浜市), ㈱羽生田鉄工所 (長野市), ㈱山之内製作所 (本社:神奈川県横浜市), と4社全てが新潟県外からの「移植」であり, ㈱羽生田鉄工所以外は YSEC グループ3社である。JASPA㈱が生産管理と一括受注を請け負い, 他3社に構内発注をする役割を担う。YSEC㈱が機械加工と特殊加工を, 羽生田鉄工所㈱が表面処理を, そして㈱山之内製作所が検査・物流を, と分業する。また, YSEC グループ3社に対して羽生田鉄工所㈱が表面処理の技術を補完する構図でもある。YSEC グループ各社と羽生田鉄工所㈱が技術と知識を持ち寄って航空機エンジン部品を生産することで, 単工程請負によるノコギリ型生産[2]あるいは YSEC グループ内での一貫生産システムから, より一層の一貫生産システムへと移行して受注品種の拡大を狙っている。経営資源の限定性を超えて他企業の経営資源を活用することで, エンジンという航空機の心臓部であり, それがゆえに精密さを要求され, その内部で温度差が激しい環境におかれる部品製造の複数工程を扱う受注体制の確立が可能となる。同ネットワーク組織の構築と維持の重要性を理解できよう。

　(2)NSCA (Niigata Sky Component Association) は, アルミ機体製品や装備品部品の受注を目指して設立された一貫生産システムを有するネットワーク組織である。7社のうち, 詳細を確認できる企業6社のうちパールライト工業㈱ (本社:新潟市西蒲区) と㈱丸菱電子 (本社:長岡市) は新規参入組であり, 柿崎機械 (本社:上越市), 佐渡精密㈱ (佐渡市), 戸塚金属工業㈱ (本社:燕市), 新潟メタルコン工業㈱ (本社:新潟市東区) は既に航空宇宙産業に参入してる既存企業である (加藤 2019;Niigata Sky Component Association『パンフレット』)。NSCA 参加企業の担当工程は, 佐渡精密㈱と㈱柿崎機械が精密加工, 新潟メタルコン工業㈱が非破壊検査と表面処理加工, パールライト工業㈱がレーザー加工と精密板金加工, ㈱丸菱電子が熱処理加工, 戸塚金属工業㈱が組立と精密板金加工, 北日本非破壊検査㈱が非破壊検査担当である (Niigata Sky Component Association, 2枚目)。なお, 新潟市が所有・管理する戦略的複合共同工場には柿崎機械㈱, 佐渡精密㈱, 新潟メタリコン工業㈱の3社が入居し, その他は入居せ

（注）「企業名（地域名）」は本社所在地を表し，新潟市以外に所在する企業のみ示す。
（出所）　NIIGATA SKY PROJECT『NIIGATA SKY PROJECT の概要』と新潟市ウェブページ「新潟エアロスペース株式会社の事業開始について」を基に，筆者作成。

図6-2　新潟市における航空宇宙産業参入企業（推定）

ずに工程協力を行う（公益財団法人新潟市産業振興財団 2019，表紙含め 11 枚目）。このネットワーク組織では7工程を7社でカバーすることで，一社だけでは経営資源が限られて新製品や新技術の開発がなしえない分野の，より付加価値の高い製品へと展開することが可能となる。この点で既存企業は単独で既存製品を航空宇宙産業で受注し続けるよりも仕事の幅が拡がる。その一方で，精密加工では佐渡精密㈱と柿崎機械㈱が，そして非破壊検査では新潟メタルコン工業㈱と北日本非破壊検査㈱が重複している。技術ないしは工程区分が重複する企業が「競争相手」ではなく「共創相手」とし，どちらか一方が退出せずにネットワーク内に参加しているのは何故であろうか。この重複はネットワーク組織を一つの組織としてその資源配分から見ると非効率であろうが，地域中小企業の「専門特化した工程を持つ」という本来の性質から考えれば解決出来るのではないか。必ずしも全ての工程が大量生産に向いていることを意味しない。精密加工や非破壊検査は時間を費やすとともに量産体制においてはボトルネックになりうる工程である。または，同じ工程区分でも扱うものが異なり，分業している可能性もあげられる。これが工程の重複でも「共創相手」であり退出を促す理由とならないと捉

える。

　この(1)と(2)は図6-2にあるように連携関係にあり，(2)については新潟市産業振興財団が所有し，且つ施設管理をしている。「技術支援・人材育成としての研究機能を併せ持つ複合工場」（NIIGATA SKY PROJECT，2頁）である。また，2019 年1月，同プロジェクトに賛同し，NSCA の販路拡大の支援を行う新潟エアロスペース株式会社が敦井産業，双日エアロスペース，日本政策投資銀行の2社1行によって出資された（新潟市ウェブページ）。

　このように，新潟市内や新潟県内の企業やその連携だけでは新たな製品を創出するには限界があるところを「航空宇宙産業の既存企業と新規参入企業を市・県の内外から取りまとめた取り組み」によって他社の経営資源を用いて新たな製品の創出を可能にしている外発型ケースと言えよう。

第3節　企業間連携と「地域性」

　前節では飯田下伊那地域（長野県）と新潟市の企業間連携を整理するとともにネットワーク組織の資源配分の点から把握に努めた。先ずはこの2つの連携について行政や大学からの支援まで拡げて考えたい。

　飯田下伊那地域は，地域中小企業連携のみならず第2節第2項で述べたように自治体によって（公財）南信州・飯田産業センターを共創の場に位置付けているなど行政が支援する姿勢が垣間見える。それに加えて航空宇宙産業参入とその維持のために航空宇宙・防衛産業のための特殊工程の資格 Nadcap[3] や品質マネジメントの国際規格 JISQ9100 認証取得の支援制度（補助金）や航空機システムの人材育成・供給，特に南信州への供給をも考えて，信州大学航空機システム共同研究講座を 2017 年度から信州・飯田サテライトキャンパスで開講し，航空機システム分野の修士号プログラムを提供している。同講座の学生の環境支援（引っ越し代，学費給付金，教育研究費）のために平成 28 年3月に（公財）南信州・飯田産業センター，多摩川精機㈱，長野県，南信州広域連合，飯田市，㈱八十二銀行，飯田信用金庫，㈱長野銀行，長野県信用組合によって信州大学航空機システム共同研究講座コンソーシアムが設立された。また，「航空宇宙産業クラスター拠点工場」を設置して多摩川パーツマニュファクチャリング㈱が入居し，熱処理と表

面処理，非破壊検査を担当しているが，用地，施設建設，機器に補助金が使われた。行政の支援に加え，地域中核企業による支援や航空宇宙産業を推進する人物（萩本氏，松島氏）の存在が大きい。

　新潟市では，コーディネーターの役割を担う宮崎氏が企業誘致をした。具体的には，㈱山之内製作所と JASPA ㈱の共同工場と戦略的複合共同工場を核とした NSCA に 7 社へ参画を促すなどした。同共同工場については市が所有・施設管理と人材育成支援を実施している。

　このように，2 つの事例に該当する自治体では企業間連携を支援することでその連携を維持・発展させるための重要なこれらを踏まえて，2 つのネットワークの特徴を整理すると，共通する点は，⑴行政による企業誘致を通じた一貫生産体制の完成による企業連携，そして施設内部の装置の補助金など，企業の航空宇宙事業実施の環境支援を行っていること，⑵域内企業連携あるいは域内企業が半数を超える企業連携（飯田下伊那地域：エアロスペース飯田；新潟市；NIIGATA SKYPROJECT のうち NSCA）には既存の参入企業がおり，更にその域内企業連携の外には航空宇宙事業の長期に渡っての参入企業や企業連携の存在（飯田下伊那地域：地域中核企業たる多摩川精機；新潟市 NIIGATA SKY PROJECT 内ではあるが YSEC グループ 3 社を核とした県外企業 4 社によって構成されたエンジン部品共同工場）による支援が存在すること，そして⑶企業間や航空宇宙産業と企業の間を取り持つ地域中核企業の社長や行政機関・地域振興機関などに属するコーディネーター等の「キーマン」によって新産業創出が導かれること，である。

　一方で，各地域の新規産業創出の経緯から，地域別に新産業創出の類型を導くことができる。企業は専門特化した工程で培ってきた各社固有の技術・技能を用いてネットワーク内で分業しているが，ネットワーク化，つまりは各社の連携で，一社の経営資源の限界性では新製品や新技術の開発がなしえない分野において，より付加価値の高い製品を生み出すことが可能となる。個々の企業をネットワークに組み込むことで創発的な要素や地域性が強調され，各々のケースによって強弱が現れると考えられる。例えば，飯田下伊那は「地域中小企業のボトムアップ型の連携に対してキーマンや産官は環境構築の支援を担う地域」であるため，「ボトムアップ型ネットワーク組織（地域中小企業）による新産業創出」と言えよう。同地の場合，「長野県が精密・電子・情報分野で国内有数の産業集積地」（長野県産業労働部 2015，1 頁）であり，これを活かしての精密機械加工の企業

の連携である。航空宇宙産業では国内有数の技術集積地に仕事が入りやすい。飯田下伊那の事例では，工程は異なれども機械加工という特定の専門領域の企業による連携のために地域性が濃くなり，さらに地域経済活性化を目的としたコーディネーターなどのキーマンによって方向性が定まれども地域性は色濃く保存されると考えられる。中小企業では持ち得ない特殊工程（熱処理と表面処理，非破壊検査）の施設を行政から供与され，多摩川パーツマニュファクチャリング㈱が運営するという支援を通じてエアロスペース飯田は機械加工企業の連携を越えて創発型になり得るのである。

　また，新潟市のNIIGATA SKY PROJECT内の2つのネットワークのケースは「既存企業と新規参入企業の多くを市外・県外から誘致した地域」である。「域外企業誘致を核とし，外部から技術・知識を移植したネットワーク組織による新規産業創出」といえよう。航空宇宙産業では極めて高い技術・技能が必要とされるため，コーディネーターが既存企業を誘致することでその地にはない技術や知識を持ち込んだ。誘致企業の持つ主要な技術によって地域中小企業が持つ技術を補完することで航空宇宙産業の一貫生産体制への要求に応えることが可能になる。但し，一部地域企業は特殊工程であることを考えれば地域特性は強く表れにくい企業連携と見做すことができよう。

おわりに

　地域中小企業やその連携が持続的成長と生き残り方を模索するために，各社の固有技術と各地域の持つ「地域性」がどのように連携に組み込まれていくのかに注目しながら，2地域における航空機産業への参入事例を通じ，地域の生き残りをかけての地域中小企業の共創と連携による新規産業創出の類型化を図った。今後も事例を重ねることで地域中小企業の固有技術と各地域の持つ「地域性」がどのように地域内企業連携に組み込まれていくのかを理解していきたい。

[注]
1)　航空機産業は航空機製造業やMRO（Maintenance, Repair & Overhaul：メンテナンス，修理，オーバーホール）等ある。また，航空技術が宇宙分野へと使われ，且つ新規参入企業が航空機の仕事を受注する前に宇宙分野の仕事を得ることがある。このため，本章では航空宇宙産業，航空機産業，及び航空機製造業を同義に扱い，航空宇宙産業と呼称統一する。但し，引用表現や特定の事例（新潟市）につい

ては引用文献の呼称（航空機産業）を用いる。

2）　システムメーカー・部品メーカーが材料工程で材料メーカーに材料を発注・納品させ，その後，その粗型部品を熱処理工程で熱処理会社に熱処理・納品させ，機械加工工程では，発注と納品を工程ごとに繰り返す様を図説するとノコギリの歯になることから。詳しくは，下畑（2019），239頁図表13-2「ノコギリ型受発注にみる航空機製造のサプライチェーン」参照のこと。

3）　認証機関 PRI（Performance Review Institute）による認証資格である。かつては National Aerospace and Defense Contractors Accreditation Program の通称として NADCAP（全て大文字）であったが，時代を経て National の表現が適切ではなくなったために現在は Nadcap（N 以外は小文字）を名称とし，且つ商標としている。

［参考文献］

アジア No. 1 航空宇宙産業クラスター形成特区推進協議会事務局，ウェブサイト掲載資料『「アジア No. 1 航空宇宙産業クラスター形成特区」区域別事業者等一覧』（2019 年 12 月 18 日指定時）。https://www.pref.aichi.jp/uploaded/life/266834_924838_misc.pdf（2020 年 6 月 30 日閲覧）

池田潔（2019）「経営戦略論から見た中小企業ネットワークの成果と課題―サステナブル組織の形成に向けて―」『大阪商業大学論集』　第 15 巻第 1 号，179-197 頁。

加藤秋人（2019）「2 章 4 節 1 項　新潟の取組みに関して」『航空機産業クラスター形成と地域中小企業の発展戦略』（一財）機械振興協会経済研究所調査報告書　H30-5，49-56 頁。

経済産業省地域経済産業グループ（2020）『地域未来投資促進法について』（令和 2 年 1 月），1-9 頁。

下畑浩二（2019）「飯田下伊那地域の航空宇宙産業の域内連携の展開」中瀬哲史・田口直樹編『環境統合型生産システムと地域創生』文眞堂，221-243 頁。

下畑浩二（2020）「第 2 章 3 節　長野県における事例」（一財）機械振興協会経済研究所編『調査研究報告書　国内航空機産業クラスターの課題と地域中小企業の役割　―ケベックモデルから学ぶこと―』，41-61 頁。

信州航空電子　ウェブページ「会社情報タブ　会社案内」。http://www.sae.jae.co.jp/company.html（2020 年 6 月 30 日閲覧）

鈴木敏紀（2004）「新潟県における産業空洞化の特質」『上越教育大学研究紀要』第 23 巻第 2 号（平成 16 年 3 月），633-649 頁。

全国航空機クラスター・ネットワーク　ウェブページ「エアロスペース飯田」。https://namac.jp/cluster/215（2020 年 6 月 30 日閲覧）

DAIKO TOOL　ウェブページ「会社案内」。http://www.daikokenma.co.jp/aboutus.html（2020 年 6 月 30 日閲覧）

高田修（2016）『飯田下伊那地域における航空機産業分野の人材育成と技術開発の強化広域連携事業』関西☆しごと創生交流フォーラム（平成 28 年 6 月 2 日）。https://www.kansai.meti.go.jp/7kikaku/20160602_forum/3.pdf（2020 年 3 月 23 日閲覧）

長野県産業労働部（2015）『長野県航空機産業振興ビジョン～アジアの航空機システムの拠点づくり』，1-22 頁。

長野県産業労働部ものづくり振興課（2018）『長野県の航空機産業参入企業リスト』（H30 年日本語版）。https://www.pref.nagano.lg.jp/mono/sangyo/shokogyo/gijutsu/documents/japanese2018.pdf（2020 年 3 月 30 日閲覧）

新潟市ウェブページ「新潟エアロスペース株式会社の事業開始について」（2019 年 2 月 1 日）。https://www.city.niigata.lg.jp/smph/business/growing/kokukisangyo/sky_project/nacjigyokaishi.html（2019 年 3 月 26 日閲覧）

新潟市産業振興財団（2019）『平成 31 年度（2019 年度）事業計画書（8 月 1 日変更）』。https://niigata-ipc.or.jp/wp-content/uploads/2015/07/keikaku0801.pdf（2020 年 7 月 4 日閲覧）

Niigata Sky Component Association『パンフレット』。http://www.nsca-ai.jp/PDF/NSCA_panf.pdf
　（2020 年 3 月 26 日閲覧）
NIIGATA SKY PROJECT『NIIGATA SKY PROJECT の概要』。http://www.city.niigata.lg.jp/business/
　growing/kokukisangyo/sky_project/index.files/1gaiyou.pdf（2020 年 3 月 26 日閲覧）
西口敏宏（2003）『中小企業ネットワーク―レント分析と国際比較―』有斐閣。
萩本範文（2015）『飯田航空宇宙クラスター形成に向けて』経済産業省産業構造審議会地域経済産業分科
　会（第 10 回），2015 年 3 月 25 日，配布資料 6。https://www.meti.go.jp/shingikai/sankoshin/chiiki_
　keizai/pdf/010_06_00.pdf（2020 年 3 月 24 日閲覧）
萩本範文（2016）『地域ぐるみ環境 ISO 研究会 20 周年記念イベント「地域ぐるみ！　次へ！」トーク　研
　究会代表　萩本　範文』於飯田人形劇。https://www.city.iida.lg.jp/uploaded/attachment/29291.pdf
　（2016 年 12 月 13 日閲覧）。
萩本範文（2017）『航空機産業を核にした新しい産業づくりと地域づくり』全国イノベーション推進機関
　ネットワーク第 6 回地域産業支援プログラム表彰事業（イノベーションネットアワード 2017）記念
　フォーラム講演資料 2017 年 2 月 24 日，配布資料 2。http://www.innovation-network.jp/
　recent/2017030300015/file_contents/09hagimoto.pdf（2018 年 7 月 14 日閲覧）
牧野光朗（2018）『イノベーションが起こる地域社会創造を目指して―求められる共創の場づくり―』（生
　産システム研究会 2018 年飯田市調査：牧野光朗飯田市長ヒアリング調査［2018 年 8 月 22 日］配布資
　料）。
真鍋誠司・延岡健太郎（2003）「ネットワーク信頼：構築メカニズムとパラドクス」『神戸大学経済経営研
　究所 Discussion Paper Series』No. J-50（2003 年 8 月）1-18 頁。https://www.rieb.kobe-u.ac.jp/
　academic/ra/dp/Japanese/dpJ50.pdf（2020 年 3 月 31 日閲覧）
宮沢健一（1988）『業際化と情報化―産業社会へのインパクト―』有斐閣。
山岡淳一郎（2016）『ものづくり最後の砦』日本実業出版社。

第7章

地域システムから整合化させる価値マネジメント
——青森県下北のモノづくりから捉える企業の誘致と地域の成長——

岩淵　　護

ℜ キーワード：●経済的ネットワーク　●取引費用政治学　●創生から共創へ

はじめに

　本章では地域の差異から連結させるネットワーク，すなわち地域をモジュラリティ[1]として取り込むための工業化の経験にもとづいた考察を行う。まず工業化の程度，すなわち地域間での技術や能力の蓄積，移転の問題について言及される。社会における行動の変容に直面するような場合，為政者は現体制の主体間における利害調整の過程を試みることを考慮に入れなければならない。

第1節　取引費用政治学のアプローチ

1. グローカルなネットワークの分析と取引費用理論

　新制度派経済学では制度の仕組みを「国家」，「共同体」，「市場」の3つの主体（制度）より構成される相補円から捉えている。この中で「国家」とは「行政府」，「立法府」，「司法府」の三権より構成される仕組みから理解される。法制度のあり方やそれに影響を及ぼす地域ごとでの信念にもとづいた行動慣習や慣行としての制度は，その「国家」や「共同体」，「市場」における制度に対する差異的なシステムの総体としてモジュールを形成する。

　地域はグローバルに統合される反面，ローカルに調整される仕組みから経済的

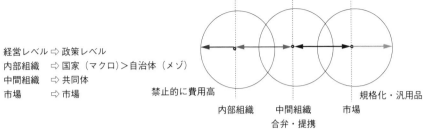

経営レベル ⇨ 政策レベル
内部組織　⇨ 国家（マクロ）＞自治体（メゾ）
中間組織　⇨ 共同体
市場　　　⇨ 市場

（出所）　筆者作成。

図 7-1　取引費用と中間組織

ネットワークに組み込まれ，動態的な成長機会を追求するネットワークとして有機的に再編される。これを 3 つの制度にもとづいて示される相補円からなる取引形態より理解すれば，結合（リンク）には，内部組織（国家）よりの中間組織（共同体）として機能する側面，市場よりの中間組織（共同体）として機能する側面から捉えられる。

　本章では前者を事後的な統治形態として捉えた長期的取引の形態，後者を事前的な統治形態として捉えた短期的取引の形態から分類している。こうした制度選択では，取引費用，調整費用，情報費用が，意思決定行動の指標として位置付けられ，その効率性の観点より情報技術の選択，取引にまつわる行動選択に繋げられている。取引費用とは，取引行動にまつわる費用であり，これが大きければ，大きいほどに取引形態としての制度は，内部での取引が選択され，企業はその内側に財やサービスを資源や能力として蓄積させる傾向を示す。これに対し，取引費用は節約されることで，企業はその財やサービスにまつわる取引を長期的取引や市場取引として外部へ向けてシフトさせる。

　調整費用は取引費用の延長線上で位置づけられる費用類型であり，経済活動において様々な経営資源が交換（取引）されるため，それを調整するために必要とされる費用として発生する。例えば，資源交換のために経済的なネットワークを介しながら，付加価値プロセスに沿ったモジュール（機能拠点）に分散された状況を想定すると，これらのモジュール間を統合させるためには，モジュール分散の程度に応じた調整費用が発生する。

　取引費用は情報費用の一形態としても位置付けられる。これは取引が完全情報下のもとにあれば，経済主体にまつわる意思決定の過程は完全に予測されたもの

```
┌─────────────────────────────────────────────────────────┐
│  取引費用 ──→ 調整費用：取引費用の延長線上にある                    │
│     ↑              （分散されたモジュールを統合する上で要する費用）    │
│  情報費用：取引費用とは情報費用の一形態                             │
│  （取引の公正性・不確実性：情報の非対称性）                          │
└─────────────────────────────────────────────────────────┘
```

（出所）　筆者作成。

図7-2　取引費用・調整費用・情報費用の類型

となりえる。こうした状況下では，意思決定主体に行為や決定の自由は与えられず，よって取引費用も発生しないという論理から導出される。つまり，環境の不確実性が高まれば，情報量も不足する。これにより決定に際して必要な情報量も高まり，これに応じた取引や交換のための行動には取引費用が発生する。

　本章での考察は，組織，中間組織（経済的ネットワーク），市場の3つの制度にもとづいた取引制度の三分類から示される相補円に対し，レント[2]にもとづいた社会費用の節約を通じた，利害関係の調整された行動として，統合ならびに調整される相補円の位置づけを，国家，共同体（コミュニティ），市場の3つの制度から構成される社会制度の三分類に置き換えた考察として試みる。これは取引費用分析の対象である1つの取引単位が，取引費用政治学分析が対象とする1つの政策単位へと置き換え，地域社会を通じた問題解決が，**社会的費用**[3]の低減を目指した政治的，かつ法的な制度選択へと繋げられる。

2.　経験経済に立脚させた経済システムの視点

　地理的な隔たり，文化的な隔たり，政治的/政策的な隔たり，経済的な隔たりなどの要件に応じて，適応，集約，裁定の形態より組み合わせ，グローカルな視点から結合させるネットワークは，動態的な統合と調整の機構として形成される。それはある価値にもとづく行動が，事前的な取引の視点から手順や**プラットフォーム**[4]を選択するような視点，事後的な取引の視点から経済的ネットワークを介する提携や買収，合弁選択の視点として論じられる。供給連鎖や事業プロセス，事業システムからの視点など，価値の創造される流れから，局所的な統合や調整の機構が，インテグラル化やモジュール化を通じた目的合理的な視点として言及される。

　国境を超えた資源交換ネットワークの構築では，地域ごとの資源より構成され

るモジュール（機能要素）の構成や配置が，地域の特性にもとづいた差異の影響を強く受ける。つまり，製品やサービスを供給するターゲット市場に向けて連なる一連の付加価値プロセスにおいて，モジュールが地理的，かつ相互作用的な観点から，どのように調整され，配置されるべきなのかが明らかにされなければならない。それは同時に，その地域における上流の産業充実の程度，しいては裾野産業の集積度合いを測ることにも繋がってくる。

　地域ごとの資源で構成されるモジュールの配置に強い影響を及ぼす要因としての差異の度合いを分析するため，ゲマワット[5]（Ghemawat 2007）は，CAGE の枠組みを提唱する。「文化的（Cultural）な隔たり」には，言語や価値観，模範，気質，宗教などがあげられる。ここで取り扱われる隔たりとは，人々の相互作用において形成される属性であり，その隔たりは，地域間での経済活動を減少させる傾向を示す。「政治的/政策的（Administrative/Political）な隔たり」には植民地関係，地域貿易ブロックなどがあげられる。ここで取り扱われる隔たりとは，法律や政策，政治的背景において形成される制度などであり，政府が組織され，政府により執行される。「地理的（Geographical）な隔たり」には，物理的な隔たりをはじめとして，国境，時差，気候などがあげられる。ここで取り扱われる隔たりとは，2つの国の首都の間の物理的な隔たりである。その他，地理的な属性から国境を接しているか，時差があるか，気候が異なるか，海に面しているか，地形はどのようなものか，国内から国境までの距離はどれだけかというものがあげられる。こうした隔たりは，物流費用に反映され，隔たりが大きければ大きいほど，その影響力は高まる。つまり物流費用は，海外直接投資に対してよりも，貿易に対して強い影響を与え，距離が拡大されるにつれ，貿易は減少し，海外直接投資は増加する傾向が示される。「経済的（Economic）な隔たり」には，貧富の差，資源，インフラ，情報や知識獲得のための費用などがあげられる。ここで取り扱われる隔たりとは，経済機構を介して国境を超えた経済活動に影響を及ぼす。例えば，一人あたりの所得が高ければ，労働費用も高くなり，また技術水準や訓練度合の差異においても同様な関係性が垣間見られてくる。

　経済システムは，経済価値や知にもとづく価値の段階的な状況から展望される。ある財において認知された行動の結果として生じる経済価値，その財を消費するまたは活用する上での行動の結果として得られる知的価値を取り上げる。経済価値ならびに知的価値はいずれも，財やサービス，知における段階的な諸形態

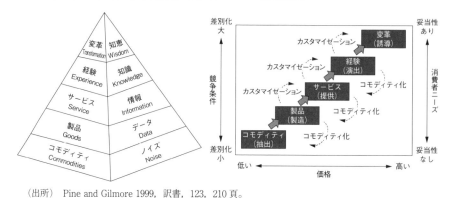

（出所）　Pine and Gilmore 1999，訳書，123，210 頁。

図 7-3　経済価値の進展と価値を実現する知

の高度化，すなわち価値のカスタマイズ化（高度化）を図る機構において機能する。

　経済価値の機構は，(Ⅰ)コモディティの段階，すなわち代替可能な自然界からの産物として位置づけられた価値段階，(Ⅱ)製品の段階，すなわち製品が用途に応じて規格化される価値段階，(Ⅲ)サービスの段階，すなわちサービスが他人にしてもらいたいけれど，自らは行いたくないような仕事に位置づけられた価値段階，(Ⅳ)経験の段階，すなわち経験が顧客を魅了し，施されたサービスを思い出に残る出来事に変えてくれるような価値段階，(Ⅴ)変革の段階，経験の段階において得られた価値を特定個客に合わせて高度化（カスタマイズ化）させた価値として提供され，その個客の人生を変貌させるような経験を提供する価値段階の5つから構成されている。

　知的価値の機構は，(Ⅰ)ノイズの段階，すなわち無数のほとんど意味やまとまりのない雑音として生み出される知の段階，(Ⅱ)データの段階，すなわちノイズがコード化され，体系化されることで意味を持ったものとなる知の段階，(Ⅲ)情報の段階，すなわち共通の枠組のなかでデータを他者に伝えたり，提供したりすることから生み出される知の段階，(Ⅳ)知識の段階，すなわち経験価値を多分に含めた情報であり，体験から得て，体験を通じた適応に至るような情報の生み出される知の段階，(Ⅴ)知恵の段階，すなわち経験という結果にもとづいており，知識を超えようと行動することによって生じ，変革の段階における価値の創出に影響を及ぼすような知の段階の5つから構成されている。

3.　プロパティ・ライツに立脚させた地域変容の視点

　財やサービスの価値は，その物理的特性より決定されるものではなく，その財に対するプロパティ・ライツに起因する。プロパティ・ライツは，財を利用する権利，財の形態と内容を変更する権利または損失を負担する義務，財を譲渡し，清算することにより収益を受け取る権利の 4 つに分類される。なおプロパティ・ライツとは，狭義における所有権と処分権を意味する。さらに所有権は譲渡権と利潤専有権に，処分権は調整権と意思決定権とに分類される。企業活動の効率性を高めるため，プロパティ・ライツの上手な配分が組織活動の効率性には求められる。つまり，プロパティ・ライツを誰が所有しているのか，またどれだけが所有されているのかという分配状態の考察が行われる。本質的に，一つの財やサービスの価値を享受することのできる能力としての経済的プロパティ・ライツと，個人が国家より与えられる法的プロパティ・ライツとに分類される。

　財やサービスの価値は，その物理的特性によってのみ決定されるものではなく，その財に対するプロパティ・ライツに左右される。財やサービスに関するプロパティ・ライツである所有権や処分権が，一人だけに帰属されるような場合もあれば，多くの人々によって広く分配されるような場合もある。厳密に捉えれば，取引行為は交換行為と区別されるものであり，プロパティ・ライツの移転行為をもって取引の概念は論じられる。つまり財やサービスを交換する行為，その手段の詳細な解明，合意へのプロセス，提供されうる行為について取引と位置付ける。

　財やサービスにまつわるこれらの権利が，一人だけに帰属する場合であれば，集中されたプロパティ・ライツ，逆に多数の人々へと分配されるような場合であれば，希釈されたプロパティ・ライツと解釈される。これは権利の束と見なされた経済的資源の利用状況から捉え，帰属されたプロパティ・ライツはこれを受け取った者の法的権利を創出する。また当該財におけるプロパティ・ライツは，これを有しない者の活動を制限する。プロパティ・ライツとは，法秩序と契約に基づき，経済主体に帰属する法的権利と処分権を決定する。つまり，どのような権利のプロパティ・ライツをその財の所有者は行使することができるのか，またその財における権利の全てが，複数の人々に向けてどのような割合で分配され，分布しているかが考察の対象となる。

　ある財に関しての全てのプロパティ・ライツが，1 つの経済主体に対してだけ

に帰属されていない場合，常に正や負の外部効果が生起される。外部効果とは，経済主体自らの行為が，他の社会メンバーに対して引き起こす，補填されることのない効用，すなわち人が財を消費することで得られるような満足水準の変化である。つまり効用の高まりにおいては，正の外部効果が論じられ，効用が低減すれば，負の外部効果として論じられる。正の外部効果は，社会的効用が私的効用を上回った場合に生起される。こうした状況下では，不適切なインセンティブ構造が生じ，行為者にとって望ましい行為が試みられなくなる危険性が指摘される。例えば，行為者の知的所有権が効果的に保護されないと，私的費用を費やしてまで自らの成果を誇示させ，自己利益を追求することは困難であり，私的費用だけが浪費され，その成果より得られる利益は他人が享受し，その行為者によるインセンティブは著しく棄損される。

　負の外部効果は，私的効用が社会的効用を上回った場合に生起される。こうした状況下では，社会的費用の合計が，行為者の私的費用よりも高いことが示される。そしてある行為者の得ている効用が，彼の私的費用を上回っている限りにおいて，行為者には自己の行動を止めようとするインセンティブが存在しないことが指摘される。例えば，ある企業が自らの生産プロセスを通じて，環境汚染を引き起こしているものと仮定すると，私的費用として生産費用の他に，環境汚染対策の費用が含められなければならない。しかしそうした環境対策の費用は，社会的費用として計上されるため，企業はあえて非効率的な生産プロセスを堅持し続けるという意思決定を継続させる。

　資源に対するプロパティ・ライツが行為者に対して，完全に関係づけられるものであれば，厚生損失は生じない。つまり，外部効果に対処するため，財に対するプロパティ・ライツは，行為者に対してできるだけ完全なものとして割り当てられ，関係づけられ，また行為者自らの財への接し方次第では，自己の利益も得られ，自己の責任にも繋がる。そして資源を効率的に利用するためのインセンティブにもとづいた行動へと繋がる。しかし，最も理想的なプロパティ・ライツの配分を行為者に対してできるだけ完全な形で関係づけようとも，発生する取引費用の存在を度外視すれば，プロパティ・ライツを適正に配分させることにはならず，当然のことながら効果も得られない。つまり，行為者がプロパティ・ライツの形成，割り当て，委譲，行使の際には，負担すべき労力と損失にまつわる費用である取引費用がともなう。これは権利を定義する過程であり，これにまつわ

る取引，監視，適合に不可欠な費用が位置付けられなければならない。情報費用，コミュニケーション費用，財・サービスの交換を開拓し，それらを完結させるために費やされる時間労働，労力の費用が求められる。

　プロパティ・ライツの適正配分は，外部効果における厚生損失と取引費用のトレードオフ関係，すなわち取引費用と外部効果の厚生損失の合計が最小化されるように検討され，取引費用が許容される範疇で，プロパティ・ライツができるだけ完全な権利の束として資源利用と結びつけられたものとならなければならない。

第2節　地域の失敗とその本質

1. クリスタルバレイ構想，その失敗の本質

　本節では，前節までの分析枠組みを用いながら青森クリスタルバレイ構想（2001年）の事例を取り上げる。この構想は官により牽引された産業誘致のための小川原工業団地の再建策にある。誘致政策の目的は，半導体デバイス産業に代わる産業として，ディスプレイ産業とそれと関連する素材産業（ガラス，フィルム，液晶材料からパネル組立）のフルセットな立地集積（生産機能を国内に回帰させる事象）を誘起させることにある。

　2000年，「むつ小川原の明日の産業を考える会」において地元経済界から青森県知事に向けての液晶産業集積が要望される。同「考える会」はアンデス電気株式会社社長の安田昭夫氏の呼びかけで発足し，(I)小川原開発地域の将来的な方向性について県民自らが国にはたらきかける，(II)液晶産業集積に関する検討委員会を設置する，(III)同地域の名称をクリスタルバレイとするなどの要望が出されていた（産から官への呼びかけ）。なお同構想では「10以上の工場を誘致し，5000人以上の雇用」を創出する目標が掲げられ，青森県の産官民による大戦略として開始された。

　構想（2001年）に応じて誘致に応じた企業に，エーアイエス株式会社（以下，エーアイエス社）と東北デバイス株式会社（以下，東北デバイス社）の2社がある。エーアイエス社は，セイコーインスツル㈱，日立化成工業㈱，アンデス電気㈱，アンデスインテックからなる共同出資の合弁会社であり，2001年より参入したが2010年11月には破産を申請。エーアイエス社では携帯電話に使われる液晶

カラーフィルタが製造されており，一時期は売上高が 100 億円を超え，累積赤字を解消するに至ったが，約 30 億円の増産投資後に，世界的な景気低迷や円高に見舞われ，従業員給与の遅配など資金繰りに行き詰まっていた（負債総額は約 57 億7,300 万円）。なお出資会社であるアンデス電気（青森県八戸市）は 2009 年，民事再生法の適用を申請し，経営破綻している（負債総額は約 197 億円）。

　東北デバイス社は，液晶ディスプレイのバックライト照明装置向け有機 EL デバイスの量産を予定，2005 年より事業参入するが，2010 年 7 月に民事再生法の適用を申請。東北デバイス社（岩手県花巻市）では，携帯などの中・小型液晶ディスプレイ用バックライトや照明用としての白色パネルの製造事業をクリスタルバレイにおいて手掛けようとしていたが，世界的な景気低迷や円高の影響による製造不振の影響で，最終的な本格稼働までには至らなかった。2006 年 12 月には生産体制が整い，操業も開始されたが，生産ラインにおける不具合が見つかり，その後，再稼働までには至らなかった。実質的な売上をともなわない不採算事業と設備の継続が負担となり，民事再生法の適用に至る（約 37 億円の負債）。

　構想（2001 年）の失敗は，セットメーカの立場から構想の呼びかけに応じた企業が 1 社も現れず，産官民による大戦略にもとづいた政策と企業経営の方向性において著しい乖離状況が生じていたことが理解される。地域レベル（以下，メゾレベル）の内外を跨いだ産業集積の在り方においても，産官民それぞれの行動指針に食い違いが生じれば，それにともなう供給や連鎖にもとづいた地理的位置づけから捉えたクラスター同士の接合（クラスター・ネットワーク形成）や内外複数の産業クラスター同士の融合（産業融合），産業政策とその転換（産業の創生）には結びつかず，経済や技術的環境の段階的な変化からも取り残され，政策に失敗した地域の烙印を押され，不合理的な結果を享受することになる。

●構想（2001 年）5 つの失敗

⑴　産官から民に対して示される，事業創造のビジョン（以後，目的）が利害の調整も図られずに，なし崩し的に大戦略として開始された

⑵　セットメーカ不在のまま，上流における誘致政策，小川原開発の産業政策の転換が図られた

⑶　コモディティ化やモジュール化の進行に対し，水平分業化の体制ではなく，関連する産業をゼロベースから誘致させようとする指針

 ⑴　小川原開発地域において閉ざされた人材育成や能力・スキル開発の強化

 ⑸　すり合わせ型（機械部品などの）産業のモノづくりを目指し，地場産業として根付いた人材の登用，能力やスキル開発を強化する選択肢の欠如

2．失敗から学び，清算される小川原開発地域

 2011 年 1 月 19 日，「低炭素型モノづくり産業」の振興策として示された（ポスト・クリスタルバレイ構想）。それは⑴クリスタルバレイ構想の代替策として，低炭素型のモノづくり産業を推し進めること，⑵小川原工業地区への誘致企業 2 社が相次いで経営破綻し，構想が行き詰まった事実を認知すること，⑶同地区だけに重点を置かず，県全体から広く低炭素型産業の振興を模索することの 3 つを柱としている。⑴では生産設備の転用面から新たな指針として示され，⑵では構想（2001）の目的が，企業誘致政策における中長期的な指針や目標，強いては行動計画より著しく乖離し，それらに要する技術や能力・スキルと言った資源獲得面においても算段がつかず，その結果として破綻に至ったことへの反省の弁として示され，⑶では青森県全域に根付いた機械部品等のすり合わせ型産業にも広く目を向けた産業振興をはかるべきとの必要性として示された。2011 年より構想（2001 年）の清算が始まり，電子デバイス産業に向けられた期待は，3S（システム，ソリューション，ソフトウェア）産業の創出へと注がれる。その地均しとして，地域の資源である工場施設の再編，構想（2001 年）失敗にともなう産官民による負債整理のためのスキームも示された。

 破綻したエーアイエス社の六ヶ所村工場（約 100 名の元社員）は，岡山建設の系列企業である相和物産（岡山勝広会長兼村議）がこれを借り受け，社員も継続雇用させた。同工場は異物を防ぐクリーンルームを備えており，県の外郭団体がエーアイエス社に貸し出していた経緯がある。運輸業を手掛ける相和物産（六ヶ所村）がこれを借り受け，社員も継続雇用させるという指針を示す（「先端技術の灯を消すべきではないと考えた」）。相和にとって電子部品製造は，本業外の分野であり，同工場はカーナビゲーション用タッチパネルなどを生産する㈱翔栄（群馬県）とともに 1 億円ずつを出資しあうかたちで新会社アノヴァ（以下，アノヴァ社）が立ち上げられる。三菱電機系のメルコ・ディスプレイ・テクノロジー（熊本県）からの継続受注も取り付け，取引先や技術が散逸しないうちの事業再開が目指された。また風力発電などの代替エネルギーも活用され，環境負荷が少

ない「グリーン部品」の調達に期待する企業への売り込みも行われた。なおエーアイエス社が使用する貸工場について青森県は，同工場を有する外郭団体に29億円の無利子融資を行い，工場建設にともなう銀行借入金を一括返済させるスキームを示している。外郭団体は同工場を有するアノヴァ社（2011年11月）に対し，受け取る賃借料を通じて，20年をかけた融資回収の計画を示し，工場閉鎖による地域経済への打撃を回避させた工場存続の方針を示している。

　破綻したもう1つの誘致企業である東北デバイス社の六ヶ所村工場では，2010年9月に化学メーカ大手の株式会社カネカ（以下，カネカ）が，東北デバイス社を子会社として引き取り，その工場も引き継ぐ方針を示し，子会社のOLED青森株式会社（以下，オーレッド青森）が設立された。オーレッド青森は東北デバイス社の事業を引き継ぎ，有機EL照明デバイス及びモジュールの設計，有機EL照明パネルの製造事業を引き継いだ。本社では，環境・エネルギー，健康，情報通信，食糧生産支援の4つの事業を跨いだシステム，ソリューション，ソフトウェアの3つに着目した3S産業の創出にむけた研究開発にとりくむ指針が示されている。これを受けてのオーレッド青森は，R&Dの拠点として，六ヶ所村周辺に集積されたエネルギー関連産業，モノづくりのグリーン化に舵を切る地元資源の活用を推し進めている。それは本社の指針に沿ったライフサイエンス・エレクトロニクスという事業領域強化のため，これに必要な能力・スキル等の獲得や蓄積，市場や社会性も考慮に入れたシステム（暮らしの創造）と事業ロードマップの設計，事業を可能ならしめる独創的技術（ソリューション）の開発が行われている。

3. 失敗を梃子に変容，共創へ向かう小川原開発地域

　域内での取り組みは，域外からの資本参入によって形成される経済的ネットワークの形成を通じた幅広い資源の取り込み，結集の成果へと繋げられる第一歩となる。つまり，むつ・小川原工業団地では，脱デバイス関連産業にむけた転換，環境・エネルギー関連企業の取り組みを通じての再編が地域ぐるみで目指された。そして既存のFPD製造ラインが，太陽光パネルのものへと転用されることで，モノづくり技術によるグリーン化が実現し，脱デバイス関連産業を目指したモノづくり技術におけるグリーン化としても取り込まれ，ローカルな視野からの，グリーン調達にまつわる供給と連鎖の実現が図られる（モノづくり政策と産

業の創生）。

　経済的ネットワークの形成は，ローカル（メゾ・レベル）とグローバル（マクロ・レベル）の視野にもとづいている。それはダブルスタンダードな見地より，経済のグローバル化，情報のグローバル化を許容しつつ，域内では政治状況，倫理や制度，社会や文化面における特性，歴史的経緯（経路依存性）を介した結合が生み出されている。そうしたグローカルで有機的なネットワークの形成が，域内における競争関係を地域間における共創的な関係にむけて再編させる。カネカ本社における事業部体制は欧州，アジア・オセニア，アメリカに点在するメゾ・レベルな拠点同士が繋がれた，グローカルな経済的ネットワークとして編成されている。グローカル・ネットワークに向けた再編は，カネカ・グループの相乗効果と先見的価値の創成と共創，すなわち域内における競争と協働の関係性と地域間における競争と協働の関係性を有機的に組み込む目的から行われる。カネカ本社の手掛ける R&D 体制は，事業領域や技術領域を単位とする研究所（コーポレートラボ）とプロジェクトが設置された仕組みから運営される。コーポレートラボを単位とする研究所には，先端材料開発研究所，メディカルデバイス開発研究所，バイオテクノロジー開発研究所，太陽電池・薄膜研究所，生産技術研究所，成形プロセス開発センター，薄膜プロセス技術開発センターがある。そしてその一部として組み込まれたプロジェクトにオーレッド青森の事業開発プロジェクトが位置付けられている。小川原工業地区に誘致された企業では，ノウハウや技術の蓄積も進み，また経済的ネットワークを介した域外からの技術流入も見込まれる。そして地域にとっても経済的ネットワークを介したフィードバックが期待され，内外の拠点間において生じた歪みに対して，社会費用節約を見込む財やサービスの提供にまつわる権利再配分の過程も喚起される。経済的ネットワークを介しての地域間を跨いだ拠点同士の交換関係が，取引ネットワークにもとづく取引費用，調整費用，情報費用の側面より調整（節約）されるリンク（結合）構造が形成され，取引関係は有機的なものに発展する。経済的ネットワークの編成が，戦略的に調整され，地域ごとの統合を促しつつ，地場産業や地場企業をも取り込み，恒常的な成長に向けた地域力の結集体系からリンケージ現象が生じていく。そしてリンケージを指向するための地域力の結集は，大戦略にもとづいており，域内におけるクラスター政策として実施される。

むすび

　最後に，大戦略をクラスター・ネットワーク経営（誘致企業）の視点より言及しておく。永木精機㈱（永木祥広社長，以下，永木精機）は，津軽や南部の地域に拠点は配置させず，むつ小川原工業団地（六ヶ所村工場）や下北（むつテクノセンター）地域に絞っての拠点化を進めている。永木精機は，大阪に本社工場を有する電気設備機器メーカである。六ヶ所村工場には1990年，むつテクノ工場には2015年に進出。永木精機は創業より電力，通信，鉄道などのライフライン工事に不可欠な工具を製造する専門メーカであり，電力会社の送配電線工事や設備工事を安全に行う上で欠かすことのできない電気設備工事向けのカムラ，張線器，絶縁工具と言ったハンドツールを提供している。2016年，小川原工業団地における脱デバイス化の流れに沿っての再編に乗じ，永木精機は電力関連事業者にとって欠かすことのできない製品，製品ごとに異なる仕様，安全性や耐久性における厳格な品質基準，多品種かつ受注型な製品の開発などに従事する研究，パッケージ型事業モデルの実現に向けた取り組みの拠点としてむつテクノセンターを設立する。パッケージ型事業モデルとは，その企業が有するサービスや運用技術の強みを活かしたモノづくりである。永木精機では，先に示された3Sの視点より，下北における環境・エネルギー産業に根差した拠点づくりを目指している。永木精機の取引先は電力（電力会社，電力関連工事会社），通信，鉄道，建設・建築，各省庁，エネルギー関連，農業・漁業・林業関連，スタジアム施設を対象とし，また海外向け取引ではオーストラリア，ニュージーランド，ロシア，東アジア地域，東南アジア地域，南アジア地域，欧州地域にむけた輸出に従事している。永木精機が国内でのモノづくりに強く拘る理由として，永木精機の掲げる(Ⅰ)*More Safety*（安全），(Ⅱ)*More Speedy*（安定），(Ⅲ)*More Strong*（安心）からなる経営理念の実現のため，パッケージ型事業モデルの実現に向けた取り組み拠点を国内しいては下北に求める必要があったことがあげられる。(Ⅰ)では作業現場での安全を確保する製品であること，つまり電気供給の場における作業に不可欠な製品を提供すること，(Ⅱ)では作業現場での作業効率を高める製品であること，つまり顧客（企業）ごとのカスタマイズやアフターサービスが必要な製品を提供すること，

(Ⅲ)では作業現場での作業が安心して行える製品であること，つまり作業現場において電源を落とすことのできない状況下でも安心して使える製品を提供することが示唆される。

[注]
1) 本章では事業プロセスと製品構造の視点から，モジュール化およびアーキテクチャ，すなわちモジュラー化とインテグラル化の両極面より捉えた程度についての考察が行われている。その程度を左右するのは情報量（取引費用，調整費用）に起因しているという理解にもとづきながら，モジュラリティを機能要素の組み合わせに応じた成果，すなわち資源交換ネットワークの構築にあると捉える。
2) 経済学のレントは，生産要素を供給する立場からすると，超過利潤，あるいは超過所得，超過収入を意味している。すなわち正常な水準を上回る受け取りである。正常な水準とは，企業なり個人なりが，生産要素の供給者として，完全競争市場であれば本来受け取っていたと思われる利潤，あるいは所得，収入にあたる。そしてその水準を超える受け取りがレントである。ただし，理論上は完全競争市場とは実在せず，企業や個人が次善の機会であれば受け取っていたと思われる利潤，あるいは所得，収入こそが，正常な水準，換言すれば機会費用であり，機会費用を超える受け取りこそがレントの実際的な定義（レント＝超過利潤＝受け取り－機会費用＞0）となる。
3) 社会的費用の概念は，ある経済活動が，第三者あるいは社会全体に対して，直接的あるいは間接的に影響を及ぼし，さまざまなかたちでの被害を与えるとき，外部不経済（external dis-economies）が発生しているという。一般に公害，環境破壊の現象を経済学的に捉えるとき，この外部不経済という概念によって整理される。このような外部不経済をともなう現象について，第三者あるいは社会全体に及ぼす悪影響のうち，発生者が負担していない部分を何らかの方法で計測して，集計した額を社会的費用と呼んでいる。
4) プラットフォームとは，1つのシステムが1社またはそれ以上の企業が製造するパートで成り立っているとき，このようなシステムの核として機能し，その時にこそ価値が最大化されるような基盤製品のこと。経営学においてプラットフォームは，製品の構造を階層的（レイヤー構造）に捉えて表現するときや，それに対応した産業構造の階層性（レイヤー）を前提にして，その多層構造＜ある条件を満たす階層（レイヤー）＞から説明される。プラットフォームには「基盤型」と「媒介型」とがあり，前者では製品やサービスをプラットフォーム事業者が提供し，それを前提とする補完製品やサービスが存在する構造をもつ（OS，ソフトウェアが別に提供されるハード，ソフトウェアやアプリの開発・実行環境を提供するサービスなど）。後者では製品・サービスをプラットフォーム事業者が提供し，それを前提として補完製品やサービスが存在していることは前者と同じであるが，補完プレーヤが提供する製品やサービス，情報をユーザが直接購入（利用）するわけではなく，媒介型プラットフォームを通じて相互作用する点において異なる（ホテル予約サイトやオークションサイトなど）。
5) 本章では経済的ネットワークからグローバル化を捉えてる。セミグローバル化を定義するため，国境を超えての差異を“CAGEの枠組”，機能要素の配置を統合的な視点より捉えた指標である“ADDINGスコアカード”，企業戦略の視点からグローバルに統合される3つの局所的な競争戦略にもとづいた言及がなされている。
「適応（Adaptation）戦略」
　国ごとの際を制約と捉え，問題解決を通じて，現地に適合させた製品・サービスを開発，提供するような行動指針にもとづいた競争戦略。
「集約（Aggregation）戦略」
　様々な地域分けを通じて，適応によって獲得された国ごとの“規模の経済”よりも多くの利益をクロスボーダな経済ネットワークを通じて獲得することにもとづいた競争戦略。
「裁定（Arbitrage）戦略」

　国ごとの差異を調整または克服すべき制約とは捉えずに，機会と捉え，それを梃子として活用することにもとづいた競争戦略。

［参考文献・資料］

宇沢弘文（1974）『自動車の社会的費用』岩波新書。

江波戸宏（2002）『検証むつ小川原の 30 年』デーリー東北新聞社。

栗原潔（2008）『グリーン IT：コスト削減と温暖化対策を両立する IT 効率化の戦略』ソフトバンククリエイティブ。

中村文隆編（2013）『レントと政治経済学』八千代出版。

根来龍之（2013）『プラットフォームビジネス最前線』翔泳社。

宮城撤（2012）『組織の経済理論』税務経理協会。

Ghemawat, P.（2007）*Redefining Global Strategy: Crossing Borders in A World Where Differences Still Matter,* Harvard.（望月衛訳『コークの味は国ごとに違うべきか』文藝春秋，2009 年。）

Pine Ⅱ, B. J. and Gilmore, J. H.（1999）*The Experience Economy: Work Is Theater & Every Business a Stage,* Harvard Business Review Press.（岡本慶一・小髙尚子訳『経験経済―脱コモディティ化のマーケティング戦略―』ダイヤモンド社，2005 年。）

株式会社カネカ：http://www.kaneka.co.jp/

永木精機株式会社：http://www.ngknagaki.com/

第8章

宮崎－バングラデシュ・モデルによる IT 分野の新しい人的資源管理

税所 哲郎

> **キーワード：●**宮崎－バングラデシュ・モデル　**●** IT 産業　**●**人的資源管理
> **●**国際間産官学連携

はじめに

　近年，日本の情報技術（IT：Information Technology）産業は，ビジネスにおける IT 活用拡大とともに，システムエンジニア（プロジェクトマネージャー等を含む）の高齢化や労働条件の悪化，技術継承の困難化，習得技術の多様化等により，IT 人材不足が顕著となっている。また，今日の日本の IT 産業では，首都圏や地方都市部を問わずに IT 人材不足が目立ってきている。

　一方，経済産業省の調査では，今後，日本の IT 人材は 2019 年をピークに人材供給は減少傾向となり，2020 年には情報セキュリティ分野では人材不足数が 20 万人弱に拡大，及び先端 IT 産業分野では人材不足数が 4.8 万人に拡大すると予想している（経済産業省 2016）。他方，厚生労働省が発表した 2020 年 1 月の職業別有効求人倍率（除くパートタイム）では，情報処理・通信技術者は 2.30 倍，全職業の数値（1.40 倍）に比べて極めて高い状況が続いている（厚生労働省 2020）。

　IT 人材不足が今後も続くと予想されるなか，IT 人材不足を補うために企業等では，新卒採用だけでなく中途入社採用，女性の積極的な活用を行っている。また，最先端 IT 技術である人工知能（AI：Artificial Intelligence）や RPA（Robotic Process Automation）の導入，及びシステム開発の職場環境の改善，IT 人材配置の最適化等による労働生産性向上を図った対応を行っている。

　このような状況のなかで，地方都市の宮崎県では，県内の IT 人材不足を補うために国際間産官学連携の「宮崎‒バングラデシュ・モデル」を構築している。このモデルでは，バングラデシュの豊富な IT 人材を採用し，宮崎県とともに日本の IT 人材不足を補うことを目的にして，情報システム開発のひとつの形態としてのビジネスモデルを導入している。

　宮崎‒バングラデシュ・モデルは，バングラデシュの IT 人材と宮崎県内の IT 企業をマッチングするビジネスモデルである。このモデルでは，バングラデシュの雇用拡大を図るとともに日本の IT 人材不足の解消を行うことで，日本とバングラデシュにおける両国の課題解決を目指すものである。つまり，宮崎‒バングラデシュ・モデルでは，日本とバングラデシュの IT 分野の人材需給において，人手不足の先進国である日本（宮崎）と人材豊富な途上国であるバングラデシュとの Win-Win の関係に基づいたビジネスモデルの構築を目指したものである。

　本章[1] は，筆者の調査[2] に基づいて，日本の地方都市である宮崎県とバングラデシュとの国際間産官学連携で推進している IT 分野の人的資源管理，特に日本の地方都市における海外の IT 人材活用の取り組みである「宮崎‒バングラデシュ・モデル」を取り上げて，その実態と課題を考察する。

第1節　バングラデシュと宮崎の概要

1. バングラデシュの概要

　バングラデシュの正式名はバングラデシュ人民共和国（People's Republic of Bangladesh），面積は14万7,570 km²，首都はダッカ，人口は1億6,659万人（2018年），言語はベンガル語，宗教はイスラム教である（JETRO 2019）。

　バングラデシュの位置は，図8-1 に示すように，北と東西の三方はインド，南東部はミャンマーと国境を接し，南はインド洋（ベンガル湾）に面している。

　バングラデシュの経済指標（2018年）は，実質 GDP（Gross Domestic Product）成長率が7.73％，名目 GDP 総額が2,876億米ドル，一人当たりの名目 GDP が1,745米ドル，消費者物価上昇率が5.54％，輸出額が33,775（100万米ドル），対日輸出額が782（100万米ドル），輸入額が55,319（100万米ドル），対日輸入額が1,886（100万米ドル）である。また，国際収支統計の側面では，経常収

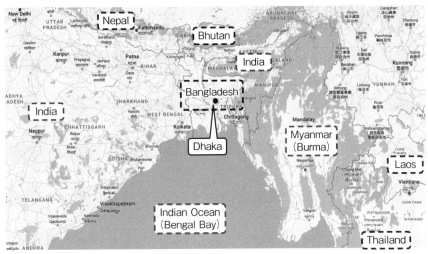

（出所）　筆者作成。

図 8-1　バングラデシュの位置関係

支が▲ 7,593（100 万米ドル），貿易収支が▲ 16,913（100 万米ドル），金融収支が▲ 7,635（100 万米ドル）と，いずれの経済統計も赤字である（JETRO 2019）。

　また，2017 年 6 月に，アジアのバングラデシュ，アフガニスタン，ブータン，カンボジア，ラオス，ミャンマー，ネパール，イエメン，東ティモールの 9 カ国が後発開発途上国（LDC）[3] と認定されていた。しかし，国連開発計画委員会（UNCDP）[4] は，2018 年 3 月，バングラデシュとラオス，ミャンマーの 3 カ国が国民総所得（GNI）[5] をはじめとして，乳幼児死亡率や識字率等の人的資源開発指数（HAI）[6]，農林水産業への依存度や特定品目への輸出集中度等で判定する経済脆弱性指数（EVI）[7] が定められた指標をクリアしたとして，LDC からの卒業要件を満たしたと発表した。今後，バングラデシュとラオス，ミャンマーの 3 カ国は，2021 年に再度要件（定められた指標）を満たせば，2024 年に LDC からの卒業国となる。バングラデシュは，他のラオスとミャンマーとともに LDC 卒業を契機にして，さらなる国内経済発展が予想されている。

　ところで，近年，バングラデシュ政府は，IT 産業を縫製業・アパレル業に次ぐ第二の産業の柱にすべくデジタル・バングラデシュ（Digital Bangladesh）政策を掲げている。デジタル・バングラデシュは，2008 年にアワミリーグ[8] が総選挙に向けて発表した公約で，政府が独立 50 周年に向けて中所得国になることを目標

とする政策「ビジョン 2021（Vision2021）」で掲げたスローガンである（税所 2016；南原 2018）。デジタル・バングラデシュでは，① 人材開発，② 国民アクセス，③ 貧困削減のための電子行政，④ ビジネス分野の IT 積極的推進，及び国内 IT 産業育成と雇用創出を促進することを宣言している。そして，以下の 4 項目を推進することで，IT 産業の課題解消を目指している。

① 人材開発では，デジタル・バングラデシュの実現のための IT 分野における人的資源の開発である。特に，IT 分野の人的資源は重要な構成要素である。

② 国民アクセスでは，全ての国民（貧困者，裕福者，文字が読める者，文字が読めない者，地方部に住んでいる者，都会部に住んでいる者等）がデジタル・バングラデシュを利用できることである。

③ 貧困削減のための電子行政では，デジタル・バングラデシュの電子行政による恩恵は貧困層の者にも利用できるようにすることである。

④ ビジネス分野の IT 積極的推進では，IT 市場進出，デジタル・バングラデシュを支援する IT ビジネスの促進，及び輸出セクターの支援を行うことである。

最近では，産業・経済等の面で発達が遅れているアジアの途上国においては，従来の製造業から IT・サービス業を中心とする経済産業政策の推進へと転換する国々が増えている。これは製造業，特に重厚長大産業の推進では，著しい環境破壊を引き起こしており，世界的にも公害を発生させない環境にやさしい IT・サービス業の展開と推進が改めて評価されているためである。

2. 宮崎県の概要

宮崎県は，大分県と熊本県，鹿児島県に接する九州地方南東部に位置する。県庁所在地は宮崎市，2020 年の推計人口 1,069,386 人，2017 年度県内総生産の名目 3 兆 7,629 億円，実質 3 兆 6,305 億円，経済成長率の名目 1.3%，実質 1.2%，県所得は 2 兆 7,082 億円，1 人当たり県民所得は 248 万 9 千円である（宮崎県 2020a；2020b）。

また，表 8-1 に示すように，宮崎県の 1 人当たりの県民所得ランキングは，過去 10 年間，下位 5 位のグループを抜け出せない状況にある（内閣府 2019）。さらに，表 8-2 に示すように，2016 年県民所得の下位 5 位の都道府県の人口推移予測は，2045 年は鹿児島県に次いで 2 番目に減少率が大きい状況である（国立社会保障・人口問題研究所 2018）。このように，宮崎県では，県民所得及び人口推移予

表 8-1　1 人当たり県民所得ランキング（上位 5 位及び下位 5 位の都道府県）

年度		2006	2007	2008	2009	2010	2011	2012	2013	2014	2015	2016
上位	首位	東京都	東京都	東京都	東京都	東京都	東京都	東京都	東京都	東京都	東京都	東京都
	第 2 位	愛知県	愛知県	愛知県	愛知県	福井県	愛知県	愛知県	愛知県	愛知県	愛知県	愛知県
	第 3 位	静岡県	静岡県	福井県	福井県	富山県	福井県	富山県	富山県	富山県	栃木県	栃木県
	第 4 位	福井県	福井県	静岡県	富山県	愛知県	富山県	静岡県	静岡県	静岡県	富山県	静岡県
	第 5 位	富山県	富山県	神奈川県	静岡県	静岡県	静岡県	神奈川県	栃木県	栃木県	静岡県	富山県
下位	最下位	沖縄県	沖縄県	沖縄県	沖縄県	沖縄県	沖縄県	沖縄県	沖縄県	沖縄県	沖縄県	沖縄県
	第 2 位	宮崎県	宮崎県	宮崎県	宮崎県	鳥取県	鳥取県	鳥取県	鳥取県	長崎県	宮崎県	宮崎県
	第 3 位	鹿児島県	秋田県	秋田県	鳥取県	宮崎県	宮崎県	鹿児島県	鹿児島県	鳥取県	鹿児島県	鳥取県
	第 4 位	長崎県	鳥取県	青森県	秋田県	鹿児島県	鹿児島県	宮崎県	長崎県	宮崎県	鳥取県	鹿児島県
	第 5 位	熊本県	高知県	鳥取県	鹿児島県	熊本県	熊本県	長崎県	宮崎県	鹿児島県	熊本県	佐賀県

（出所）　内閣府経済社会総合研究所　国民経済計算部（2019）『平成 28 年度県民経済計算』内閣府
より作成。

表 8-2　2016 年県民所得の上位 5 位及び下位 5 位の都道府県の人口推移予測

1 人当たり県民所得 (2016)		都道府県	総人口（1,000 人）							指数 (2015 年＝100)	
			2015	2020	2025	2030	2035	2040	2045	2030	2045
		全国	127,095	125,325	122,544	119,125	115,216	110,919	106,421	93.7	83.7
上位	首位	東京都	13,515	13,733	13,846	13,883	13,852	13,759	13,607	102.7	100.7
	第 2 位	愛知県	7,483	7,505	7,456	7,359	7,228	7,071	6,899	98.3	92.2
	第 3 位	栃木県	1,974	1,930	1,873	1,806	1,730	1,647	1,561	91.5	79.0
	第 4 位	静岡県	3,700	3,616	3,506	3,380	3,242	3,094	2,943	91.3	79.5
	第 5 位	富山県	1,066	1,035	996	955	910	863	817	89.5	76.7
下位	最下位	沖縄県	1,434	1,460	1,468	1,470	1,466	1,452	1,428	102.5	99.6
	第 2 位	宮崎県	1,104	1,067	1,023	977	928	877	825	88.5	74.7
	第 3 位	鳥取県	573	556	537	516	495	472	449	90.0	78.2
	第 4 位	鹿児島県	1,648	1,583	1,511	1,437	1,362	1,284	1,204	87.2	73.1
	第 5 位	佐賀県	833	810	785	757	728	697	664	90.9	79.7

（出所）　国立社会保障・人口問題研究所　人口構造研究部（2018）『日本の地域別将来推計人口（平成 30（2018）年推計）』国立社会保障・人口問題研究所　より作成。

測において，それぞれの指標の成長や伸びが見込まれずに，将来的に悲観的な要素が見られる。

　一方，宮崎県の県内総生産（生産活動）である最新の県民経済計算（2017 年度

確報）の名目総生産額[9]は，製造業 6,528 億円，保健衛生・社会事業 4,229 億円，卸売・小売業 3,722 億円，不動産業 3,825 億円，建設業 2,375 億円がトップ 5（公務を除く）である。また，現在，宮崎県の情報通信業の名目総生産額は 1,323 億円である（宮崎県 2020a）。

　ところで，宮崎県は，2016 年 3 月，高付加価値の産業振興と良質な雇用確保を目標に「みやざき産業振興戦略」を策定し，商工業施策の戦略的・効果的な実施に取り組んでいる。目標実現に向けて，今後 4 年間（2019 年度～2022 年度）に取り組むべき商工業施策の基本的方向等を示すため改定している。

　この産業振興戦略では，宮崎県の将来についての主な成果指標として，売上高新規 30 億円以上へ成長企業が 3 社，製造品出荷額等 17,567 億円，観光消費額 1,660 億円，輸出額 2,100 億円，県内新規高卒者の県内就職率 60.3%，宮崎人材バンク活用の県内就職者の増加をあげている。その施策としては，① 将来にわたって地域経済と雇用を支える企業・産業の振興，② 宮崎での暮らし，宮崎で働く人材の育成・確保，③ 企業の成長等を促すための 3 項目を示している。

第 2 節　宮崎－バングラデシュ・モデルの地域戦略

1. 宮崎－バングラデシュ・モデルとは

　宮崎県では，県民所得ランキングの低迷，及び人口推移予測の減少において，それぞれのデータ上昇が見込まれずに，県民所得は日本国内で低位水準，加えて将来人口と労働力の大幅な減少予測といった悲観的な要素が見られる。また，日本の IT 産業における慢性的なエンジニアの人材不足の中で，地方都市の宮崎県では，県内の IT 人材不足を補うために国際間産官学連携による「宮崎－バングラデシュ・モデル」を構築している。

　宮崎県は，宮崎－バングラデシュ・モデルによるバングラデシュの IT 人材を活用した情報システム分野の新しい人材を採用している。このモデルでは，システム開発業務を海外企業，または海外の現地法人等に委託するオフショア開発でもない，かつシステム開発業務を国内地方都市の遠隔地にある企業や事業所に委託するニアショア開発でもない新しいビジネスモデルを導入している。

　宮崎－バングラデシュ・モデルは，バングラデシュの豊富な IT 人材と宮崎県

内（あるいは日本国内）のIT企業をマッチングさせて，宮崎県内での情報システム業務を推進する。宮崎−バングラデシュ・モデルでは，日本のIT分野の労働市場で，バングラデシュ人の日本での就労希望者を地方都市である宮崎県及び日本が積極的に受け入れて，バングラデシュ人の雇用拡大を図る。そして，宮崎県におけるIT人材不足の解消をバングラデシュ人の雇用を行うことで対応し，日本とバングラデシュにおける両国の課題解決を目指すものである。

　つまり，宮崎−バングラデシュ・モデルは，日本とバングラデシュの両国のIT人材需給において，深刻な人手不足の日本と人材豊富なバングラデシュとのWin-Winの関係に基づいたビジネスモデルの構築を目指したものである。

　宮崎−バングラデシュ・モデルの構想は，2014年に宮崎市内のIT企業のA社による国際協力機構（JICA：Japan International Cooperation Agency）[10]のバングラデシュでの案件化調査が採択，デジタル・バングラデシュのもと，IT技術者の人材育成に情報処理技術者試験（ITEE：IT Engineers Examination）の導入を目的とする技術協力プロジェクト「ITEEマネジメント能力向上プロジェクト」の推進に始まる（国際協力機構バングラデシュ事務所 2012）。

　ITEEマネジメント能力向上プロジェクト（Capacity Building on ITEE Management Project）は，バングラデシュにおいてITEEによる公的性格をもった国家試験や資格制度，トレーニングプログラムの導入，及びその運営能力向上を支援することである。バングラデシュでは，IT産業向けの体系的な技術教育や職業訓練が未発展で，技術標準が確立されていない。また，試験や資格等で区別されるエンジニアの質を測る物差しがないだけでなく，IT技術者として自らがキャリアパスを設計するための物差しも欠如している。ITEEマネジメント能力向上プロジェクトの導入では，バングラデシュのIT産業に，ITEEによる体系化された試験制度を確立するものである（国際協力機構バングラデシュ事務所 2012）。

　その後，宮崎市内のIT企業A社は，バングラデシュ人のIT人材を2人採用している。この採用をきっかけに，IT人材採用難の宮崎市内のIT企業，市内にIT企業を誘致したい宮崎市，及び留学生への日本語教育に注力の宮崎大学が，それぞれの組織の強みを生かした国際間産官学連携を行い，バングラデシュからのIT人材採用を進める活動が生まれたのである。

　このモデルの推進役（主導役）は，バングラデシュ側はJICA，及び宮崎側は

行政・大学・企業の連合体が協力，そして全体のスキームは両者が協力している。このモデルの理念は，宮崎側の IT 人材不足とバングラデシュ側の雇用拡大という双方の課題解決に資する国際間産官学連携による Win-Win の関係構築である。このモデルの運営資金は，バングラデシュ側では JICA の予算で，2017 年 8 月〜2021 年 7 月の約 4 年間を想定，総事業費は約 5.3 億である。また，宮崎側は，後述の JIP プログラムを利用する企業が費用を負担している（国際協力機構バングラデシュ事務所 2017）。なお，プログラムに参加するバングラデシュ人研究生の費用負担はない。

2. 宮崎－バングラデシュ・モデルによる人的資源管理

　宮崎－バングラデシュ・モデルとは，図 8-2 に示すように，宮崎側の IT 企業と宮崎市，宮崎大学，JICA とバングラデシュ側のバングラデシュ・コンピュータ評議会（BCC）[11]，バングラデシュ郵政通信情報技術省（MoPTIT）[12] との国際間産官学連携による IT 分野の新しい人的資源管理である（河野 2019；土橋 2019；宮崎大学 2019）。

　この国際間産官学連携によるモデルでは，バングラデシュの首都ダッカにおいて，日本の「官」である JICA がプロジェクト実施経費を負担し，バングラデシュの「官」である BCC が現地のプロジェクト推進・管理を担当する。また，日本の「学」の宮崎大学の派遣教員がバングラデシュ人に対する日本語教育を担当する。さらに，このモデルには，JICA の業務委託先として日系 IT 企業が参画している。

　バングラデシュの GDP（%）の推移は，2010 年（2019 年と 2010 年は IMF 推計）から 2010 年 6.030%，2011 年 6.494%，2012 年 6.260%，2013 年 6.038%，2014 年 6.314%，2015 年 6.842%，2016 年 7.202%，2017 年 7.584%，2018 年 8.014%，2019 年 7.879%，2020 年 2.019%，2021 年 9.531% と，安定して 6% 以上の経済成長を維持しており，1 人当たりの名目 GDP（米ドル）の推移は，2010 年（2014 年〜2019 年は IMF 推計）から 2010 年 807.53 米ドル，2011 年 857.50 米ドル，2012 年 916.03 米ドル，2013 年 1,030.03 米ドル，2014 年 1,163.04 米ドル，2015 年 1,303.18 米ドル，2016 年 1,458.85 米ドル，2017 年 1,605.99 米ドル，2018 年 1,749.33 米ドル，2019 年 1,905.72 米ドルとなり，2020 年には 2,000 米ドル近くになると予測されている（International Monetary Fund 2020）。

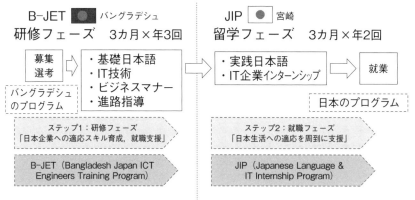

MoPTIT（Ministry of Posts, Telecommunications and Information Technology）（協定締結）

JICA（Japan International Cooperation Agency）（実施経費負担）

BCC（Bangladesh Computer Council）（プロジェクト管理）

業務委託先（研修施設・体制）
宮崎大学（日本語教員派遣）

（留学生と企業とのマッチング・受入諸手続き・調整）
宮崎市内
IT企業

宮崎大学（日本語教育・インターンシップ）

宮崎県内IT企業（インターン受入・採用予定）

宮崎県内外IT企業（採用）

宮崎市（市内採用企業への補助金支援）

（出所）　宮崎大学（2019）「「宮崎－バングラデシュ・モデル」の現地日本語教員による部内報告会の実施」『国際交流・留学』宮崎大学より，加筆・修正のうえ作成。

図8-2　宮崎－バングラデシュ・モデルの概念図

また，名目GDPから物価の変動による影響を差し引いた1人当たりの実質GDP（バングラデシュ・タカ）の推移は，2010年（2014年～2019年はIMF推計）から2010年41,470.14タカ，2011年43,661.32タカ，2012年45,844.59タカ，2013年48,023.00タカ，2014年50,531.65タカ，2015年53,435.37タカ，2016年56,696.28タカ，2017年60,370.71タカ，2018年64,492.53タカ，2019年68,805.09タカとなっており，持続した高成長を示している（International Monetary Fund 2020）。さらに，バングラデシュは，インドやミャンマー等と比較しても，1人当たりのGDPと平均年齢，及びインターネット普及率は同水準である（富士通総研 2018）。

バングラデシュでは，インド並みのIT教育を実践しているとともに，インドとバングラデシュにおける大学交流（留学）も盛んに行われており，IT人材のスキルは高い評価を受けている。また，バングラデシュは英語教育にも力を入れており，英語が堪能な国民が多いことも相まって，IT急進国として世界各国から注

目されている。しかし，バングラデシュ国内では，IT 産業が普及しておらずに IT 人材の活用ができずに，家族を支えるために諸外国への出稼ぎIT 人材も多い。

そこで，業務委託先の日系 IT 企業では，バングラデシュ現地法人を立ち上げ，国内トップクラスの工科大学から優秀なエンジニアの採用による IT 人材の活用とともに，インドや中国，ベトナムのエンジニアと比較すると賃金コストが大幅に低いことからエンジニアの増員を行ったビジネスを展開している。

業務委託先の日系 IT 企業のなかには，創業以来，国際競争力のある IT 技術者の養成に注力し，ダッカにバングラデシュ人を対象とする IT 人材養成学校を設立している。また，日本人 IT 技術者の不足を解消するための新たなプロジェクトを発足させている企業も存在している。

また，2017 年 11 月，日本の JICA，バングラデシュの BCC が国際間産官学連携を行い，B-JET プログラム（Bangladesh Japan ICT Engineers Training Program）を提供している（国際協力機構 2018）。なお，宮崎大学は，JICA のバングラデシュの IT 技術者対象向け日本語教育プログラム及び教材開発業務を受託し，バングラデシュ人に対して宮崎県（あるいは日本）の IT 企業で就業することに特化した日本語学習教材を開発している。

宮崎大学は B-JET プログラムに対して，現地へ日本語教員 3 名を派遣，及び宮崎市の IT 企業からも IT 専門家が現地の講師として採用されている（富士通総研 2019；宮崎大学 2019）。B-JET プログラムは，JICA と MoPTIT が協定を結び，バングラデシュの IT 人材が日系 IT 企業への就職を目指すためのトレーニングコース（教育プログラム）である。これは，JICA が実施の政府開発援助（ODA）[13] の技術支援プロジェクトの一環で，BCC と協働してバングラデシュで提供する研修フェーズ（3 カ月×年 3 回）で，2017 年 11 月に開始している。

B-JET プログラムでは，2017 年の第 1 期生 20 名の合格者（応募者約 1,800 名），及び 2018 年の第 2 期生 40 名の合格者（応募者約 4,700 名）に対して，日本語教育を実施している。B-JET の採用倍率は約 100 倍，バングラデシュでは非常に人気の高い教育プログラムで，2020 年までに約 300 名の修了生を送り出す予定である。2019 年 4 月現在，B-JET 修了生の 21 名が宮崎に在住しており，B-JET プログラムでは宮崎の IT 企業が人気の希望就職先となっている（日刊工業新聞社 2016；富士通総研 2019）。

3. 宮崎－バングラデシュ・モデルの人材育成

　バングラデシュ側では，日本留学希望者のバングラデシュ人に対する 3 カ月の日本語教育と IT 技術の研修，ビジネスマナーの B-JET プログラムを実施する。その後，宮崎市内の IT 企業が，バングラデシュ人の留学生と日本の IT 企業とのマッチング・受入・諸手続・調整を行う。日本側では，宮崎大学がバングラデシュからの留学生を迎え入れ，日本語学習及び宮崎県の IT 企業でのインターンシップを行う教育プログラムである JIP プログラム（Japanese Language and IT Internship Program）を実施する。このプログラムでは，日本語教育とインターンシップ研修を数カ月提供する留学フェーズ（3 カ月×年 2 回）を行う。

　バングラデシュ人の留学生は，宮崎県の IT 企業でのインターンシップを行うことで，日本企業特有の IT 開発現場におけるビジネスマナーやノウハウ，コミュニケーション等を体験することになる。留学生は，留学フェーズのインターンシップ終了後，宮崎市内の IT 企業への正式採用が決まれば，その採用 IT 企業に対して宮崎市から助成金の提供という形で補助金が提供される。

　宮崎企業への受入状況は，① 宮崎大学の留学時期が 2018 年 4 月，2018 年 10 月，2019 年 4 月の場合，② 宮崎市内 IT 企業の採用時期は 2018 年 7 月，2019 年 1 月，2019 年 7 月，③ 宮崎市内 IT 企業の採用数は 4 社，4 社，1 社，④ 採用者数は 6 名，7 名，2 名である。なお，宮崎市内 IT 企業が人材紹介会社を利用してバングラデシュ IT 技術者（B-JET 修了者）を採用した場合，その人材紹介手数料（要件を満たした場合）の「紹介手数料×1/2（上限 50 万円／人）」が補助金として提供される（宮崎市観光商工部商工戦略局工業政策課 2015）。

　また，宮崎市では，地域貢献学術研究助成として大学等の研究者が行う研究テーマの「宮崎市または宮崎市を中心とした圏域」を対象に，地域課題や行政課題の解決に資すると認められるものに資金助成している。宮崎大学では，「高度外国人材就業のための日本語・キャリア教育と地域産業人材の国際化に関する研究」として，2017 年度に宮崎市の地域貢献学術研究助成金180万円を受けている。

　宮崎大学が獲得した研究助成の提案内容は，高度 IT 外国人人材（バングラデシュ人 IT 技術者）の就業・定着と地域産業人材の国際化を図るためのプログラム構築を行い，高度 IT 人材の集積を図ることである。

　具体的には，① 外国人高度 IT 人材や留学生等を対象とした短期ビジネス日本語学習，② 日本文化理解を深め宮崎の IT 業界で働くための基礎知識を学ぶ，及

び IT 企業でのインターンシップを含む実践的・体感的なキャリア教育，③受入側の日系 IT 企業と連携し，外国人人材の文化背景等を共に学び，理解深化を図るといった，地域 IT 人材の国際化プログラムである。

　この助成金により，宮崎大学はバングラデシュ人の日本留学とインターンシップを組合せた短期研修プログラム（JIP プログラム）を開発している。また，B-JET プログラムを終了したバングラデシュ人の第 1 期生 20 名のうち 9 名が，2018年 4 月より宮崎大学に短期留学し，JIP プログラムによる日本語学習及び宮崎市内の IT 企業で留学生としてインターンシップを経験している。

　宮崎県では，IT 人材不足に悩む県内企業へのバングラデシュ人 IT 技術者の紹介，及び IT 産業による地方活性化を目指している。そして，バングラデシュ人の人材紹介を受けた IT 企業では，オフショア開発やニアショア開発でもない新しいビジネスモデルの体制を構築し，顧客に対して新しいサービスを提供している（テレビ宮崎 2018；CO-WELL 2019；産経新聞社 2019)。

　JIP プログラムは，バングラデシュにおける 3 カ月の日本語教育（基礎）・IT 技術研修と，それに続く宮崎大学での日本語教育（実践）・企業インターンシップから成る 3 カ月の短期留学を通じて，高度な IT 技術を有するバングラデシュ人のIT 人材の日本での円滑な就業を支援するものである。これまで，宮崎大学で受け入れた 20 名の留学生全員が日本国内（うち 16 名は宮崎県内）での就職を果たして，地域ニーズに応えた人材確保に大きく貢献している（宮崎日日新聞社2017；宮崎大学国際連携センター 2018；Miyazaki IT Plus 2019)。

第 3 節　宮崎－バングラデシュ・モデルの課題

　宮崎－バングラデシュ・モデルでは，宮崎大学がバングラデシュ人の留学生を迎え入れて，日本語やビジネスマナー等の研修を数カ月提供する。そして，留学生は，宮崎県の IT 企業においてのインターンシップを行い，インターンシップ後に宮崎県（あるいは日本）の IT 企業に正式採用が決まる可能性がある。なお，宮崎市内の IT 企業によるバングラデシュ人の採用が決まれば，その採用企業に対して宮崎市から助成金が補助される。

　宮崎県では，バングラデシュの高度 IT 人材の取り込みで宮崎県内の IT 人材の

多様化を図ることができる。そして，地方都市の宮崎では，世界と繋がる場が県内にあることを知った外向き志向の若者が，県内に留まりたい（残りたい）と希望する事例もある。他方，日本の地方都市では，宮崎県と同じように若者の都市流出が懸念されている。バングラデシュの高度 IT 人材の積極的活用による取り組みは，他の地方都市においても非常に参考になることである。

　また，宮崎－バングラデシュ・モデルは，先進国の日本と途上国のバングラデシュとの IT 人材の需給関係において，Win-Win の関係を目指したビジネスモデルの構築である。現在，順調に発展している宮崎－バングラデシュ・モデルであるが，以下のような代表的な課題がある。

　第 1 に，このモデルにおける原資は，主に公的資金が提供されていることである。このモデルの中核組織である JICA（独立行政法人）や宮崎大学（国立大学法人），宮崎市（地方自治体）の取り組みは，公的資金（税金）を活用している。JICA 予算が終了する 2021 年 7 月以降，このモデルが公的資金に頼らない仕組みとし，民間資金を導入した持続可能な活動が求められる。

　第 2 に，大きなシステム開発コストの削減効果が見込めないことである。オフショア開発では，海外のリソースを活用することで，大きな削減効果が見込まれる。しかし，海外の高度 IT 人材の日本での採用は，IT 人材の不足を補うことは可能であるが，日本人と同じ人件費が発生するので，大きなコスト削減効果が見込めないことになる。また，IT 企業では，特徴を持った IT 業務が求められる。

　第 3 に，文化理解についての課題である。例えば，日本の主な宗教は仏教，バングラデシュの主な宗教はイスラム教で，それぞれの国では多くの信者がいる。敬虔なイスラム教徒であれば，1 日 5 回の礼拝は欠かせない。日常業務の中で，トラブル発生時等の重要業務と礼拝時が重なった場合等，その対応が求められる。

おわりに

　宮崎－バングラデシュ・モデルは，IT 人材において，宮崎とバングラデシュとの Win-Win の関係を構築した国際間産官学連携による IT 分野の新しい人的資源管理のビジネスモデルである。

　このモデルは，日本とバングラデシュの情報システム開発における新しい形態

として，及び地方都市の IT 分野の人材確保として，注目を集めつつある。

　しかし，今後，このモデルの持続可能な発展には，いくつかの課題がある。将来にわたる持続可能なビジネスモデルの推進は，これらを解決する必要がある。

謝　辞

　本研究は，科学研究費補助金（基盤研究（B）・研究課題番号：19H01532）「日系企業と現地 NGO 協働の BOP 戦略と持続可能なビジネス生態系に関する研究」の支援を受けました。

［注］

1)　本章は，筆者の「日本情報経営学会・第 79 回全国大会」での学会発表予稿論文を基にして，大幅に加筆・修正したものである（税所 2019）。

2)　筆者は，2015 年 8 月 22 日（土）から 8 月 27 日（木）までの期間，工業経営研究学会グローバリゼーション分科会「バングラデシュ視察」に参加して，バングラデシュの JETRO ダッカ事務所やダッカ大学，日系企業，ローカル企業等を訪問して，バングラデシュの国内経済及び日系企業とローカル企業の実態等の現地調査を行った。また，2017 年 9 月 19 日（火）の JETRO 高度外国人材活用セミナー（宮崎市）に参加して，バングラデシュビジネスにおける行政機関（宮崎県）の役割，及び日系 IT 企業のBJIT Limited 等の取り組みの情報を収集した。

3)　後発開発途上国（LDC：Least Developed Country）は，国連開発計画委員会（CDP：United Nations Committee for Development Policy）の認定基準に基づいて，国連経済社会理事会の審議を経て，国連総会の決議により認定された開発の遅れた国である。LDC 認定基準は，3 年に一度見直しが行われる。

4)　国連開発計画（UNDP：United Nations Development Programme）は，1966 年，2 つの国連技術協力機関（国連特別基金と国連拡大技術援助計画）の統合で発足した。UNDP は，国連総会と国連・経済社会理事会の管轄下にある国連機関の 1 つとして，米国ニューヨークに本部がある。国連システムのグローバルな開発ネットワークとして，変革への啓発を行い人々がより良い生活を築くべく，各国が知識・経験や資金にアクセスできるように支援している。

5)　国民総所得（GNI：Gross National Income）は，一定期間内に国内で産出された付加価値の総額の国内総生産（GDP：Gross Domestic Product）に海外所得を加えた経済統計項目である。

6)　人的資源開発指数（HAI：Human Assets Index）は，人的資源開発程度を表すため国連開発計画委員会（CDP：United Nations Committee for Development Policy）の設定指標で，栄養不足人口割合，5 歳以下乳幼児死亡率，中等教育就学率，成人識字率を指標化したものである。

7)　経済脆弱性指数（EVI：Economic Vulnerability Index）は，外的ショックからの経済的脆弱性を表すために CDP が設定した指標である。

8)　バングラデシュでは，少数政党が多数存在する。しかし，現実には 2 大政党制のもと，現与党のアワミリーグと最大野党の BNP（バングラデシュ民族主義党）の大きな政党に大別される。

9)　県内総生産は，生産・輸入品に課される税・関税等が加算控除されているために，各産業の合計とは一致しない。

10)　独立行政法人国際協力機構（JICA：Japan International Cooperation Agency）は，2003 年 10 月 1日に独立行政法人国際協力機構法（平成 14 年法律第 136 号）に基づいて設立の外務省所管の独立行政法人である。JICA は，日本の技術協力や有償資金協力（円借款），無償資金協力の援助手法を一元的に担っている総合的な政府開発援助（ODA）の実施機関である。

11)　バングラデシュ・コンピュータ評議会（BCC：Bangladesh Computer Council）は，郵政通信情報技術省（MoPTIT）所管の政府 100％出資の組織で，1990 年に Bangladesh Computer Council 法（BCC Act）に基づいて設立された。BCC は，IT 政策実施機関で政府機関のコンピュータ化助言，コン

ピュータ教育, IT インフラ整備, IT 政策策定・実施, IT 関連プロジェクトの実施等のバングラデシュ
の IT 戦略の実施機関である。2014 年 9 月 1 日, 日本とバングラデシュでは相互認証締結し, 日本の
情報処理技術者試験 (IT パスポート, 基本情報技術者, 応用情報技術者の 3 分野) を実施している。

12) 郵政通信情報技術省 (MoPTIT：Ministry of Posts, Telecommunications and Information
Technology) は, 2014 年 2 月, バングラデシュの旧郵政通信省と旧 IT 省が併合して設立された。
MoPTIT は, 旧両省の重複分野を排除し, 効率的な科学技術の研究や発展, 拡大, 効率的な利用を通
して, バングラデシュにおける社会経済全体の発展をサポートしている。

13) 政府開発援助 (ODA：Official Development Assistance) は, 発展途上国の経済発展や福祉の向上
のために先進国政府, 及び政府機関が発展途上国に対して行う援助や出資のことである。ODA によっ
て, 平和構築やガバナンス, 基本的人権の推進, 人道支援等を含む開発途上国の開発のため, 開発途
上国または国際機関に対し, 資金 (贈与・貸付等)・技術提供を実施する。

[参考文献]

International Monetary Fund (IMF) (2020) "World Economic Outlook Database April 2020", IMF.
<https://www.imf.org/external/pubs/ft/weo/2020/01/weodata/index.aspx> (2020 年 9 月 20 日確認)

河野久 (2019)「世界を視野に地域から始めよう「宮崎－バングラデシュモデル」の挑戦」『JICA エキス
パート宮崎』第 22 号, JULY. 2019, 7-8 頁, JICA。

経済産業省商務情報政策局情報処理振興課 (2016)『IT 人材の最新動向と将来推計に関する調査結果を取
りまとめました』 経済産業省。<https://www.meti.go.jp/press/2016/06/2016 0610002/
20160610002.html> (2020 年 4 月 20 日確認)

厚生労働省職業安定局雇用政策課 (2020)「職業別一般職業紹介状況［実数］(常用 (除パート))」『一般
職業紹介状況 (令和 2 年 1 月分) について』厚生労働省。<https://www.mhlw.go.jp/
content/11602000/G38-202001.pdf> (2020 年 4 月 20 日確認)

CO-WELL (2019)「宮崎ソリューションセンター 2019 年 8 月オープン」『コウェルのニアショア開発』
CO-WELL。<https://www.co-well.jp/nearshore.html> (2020 年 4 月 20 日確認)

国際協力機構 (2017)『株式会社教育情報サービスの目指す地方創生』JICA。<https://www.jica.go.jp/
kyushu/topics/2017/ku57pq00000gy8la.html> (2020 年 4 月 20 日確認)

国際協力機構 (2018)『Bangladesh-Japan ICT Engineers' Training Program (日本市場向けバングラデ
シュ IT エンジニア育成プログラム)』JICA。<https://www.jica.go.jp/bangladesh/bangland/b-jet.
html> (2020 年 4 月 20 日確認)

国際協力機構バングラデシュ事務所 (2012)『ITEE マネジメント能力向上プロジェクト詳細計画策定調
査報告書』JICA。<https://openjicareport.jica.go.jp/pdf/12082434.pdf> (2020 年 9 月 20 日確認)

国際協力機構バングラデシュ事務所 (2017)『事業事前評価表』JICA。<https://www2.jica.go.jp/ja/
evaluation/pdf/2017_1600344_1_s.pdf> (2020 年 4 月 20 日確認)

国立社会保障・人口問題研究所人口構造研究部 (2018)「日本の地域別将来推計人口 (平成 30 (2018) 年
推計) ―平成 27 (2015) ～57 (2045) 年―」『将来推計人口・世帯数』国立社会保障・人口問題研究
所。http://www.ipss.go.jp/pp-shicyoson/j/shicyoson18/t-page.asp (2020 年 4 月 20 日確認)

税所哲郎 (2016)「バングラデシュにおけるオフショアリング開発の現状と課題―日系 IT 開発会社を事例
として―」『経営論叢』第 6 巻, 第 1 号, 1-26 頁, 国士舘大学経営学会。

税所哲郎 (2019)「わが国のシステム開発におけるオフショア開発に関する一考察―「宮崎－バングラデ
シュモデルを事例にして―」『情報経営・第 79 回全国大会予稿集【秋号】』151-154 頁, 日本情報経営
学会。

産経新聞社 (2019)「外国とつながり宮崎に活力 バングラデシュの IT 技術者活躍 産官学で人材確保」
『THE SANKEI NEWS』(2019/10/25), 産経新聞社。<https://www.sankei.com/region/

news/191025/rgn1910250003-n1.html＞（2020 年 4 月 20 日確認）

JETRO（2019）『バングラデシュ概況』JETRO。＜https://www.jetro.go.jp/world/asia/bd/basic_01.html＞（2020 年 4 月 20 日確認）

テレビ宮崎（2018）「宮崎で働くバングラデシュ IT 技術者」『番組紹介』2018 年 8 月 6 日，テレビ宮崎。＜https://www.umk.co.jp/udoki/udoki-99934.html＞（2020 年 4 月 20 日確認）

土橋美沙（2019）「高度な IT 人材をバングラデシュから。宮崎市が目指す新しい経済モデル」『Forbes JAPAN』2019/11/23, Forbes JAPAN。＜https://forbesjapan.com/articles/detail/30772＞（2020 年 4 月 20 日確認）

内閣府経済社会総合研究所国民経済計算部（2019）「県民経済計算（平成 18 年度-平成 28 年度）」『統計表（県民経済計算）』内閣府。＜https://www.esri.cao.go.jp/jp/sna/data/data_list/kenmin/files/contents/main_h28.html＞（2020 年 4 月 20 日確認）

日刊工業新聞社（2016）「教育情報サービス，バングラデシュ IT 企業と宮崎に合弁」『中小・ベンチャーニュース』（2016/7/12），日刊工業新聞社。＜https://www.nikkan.co.jp/articles/view/00392248?isReadConfirmed=true＞（2020 年 4 月 20 日確認）

富士通総研（2018）「第 2 回　バングラデシュの IT 市場とビジネス機会」『バングラデシュ市場の魅力』富士通総研。＜https://www.fujitsu.com/jp/group/fri/knowledge/opinion/consul/2018/2018-12-2.html＞（2020 年 9 月 20 日確認）

富士通総研（2019）「バングラデシュ　ICT 人材教育プログラムの開始について〜ICT 人材育成に関するコラボレーション〜」『Press Release』富士通総研。＜https://www.fujitsu.com/downloads/JP/group/fri/pressrelease/20191024.pdf＞（2020 年 4 月 20 日確認）

南原将志（2018）「LDC 卒業で「タイプラスワン」縫製業への影響は―事業者は活用する関税優遇制度に留意を―」『地域・分析レポート』JETRO。＜https://www.jetro.go.jp/biz/areareports/2018/e895c60096291408.html＞（2020 年 4 月 20 日確認）

Miyazaki IT Plus（2019）『外国人雇用受入体制ガイドブック』Miyazaki IT Plus。＜https://miyazaki-itplus.net/wp/wp-content/uploads/2019/03/20190315_guidebook.pdf＞（2020 年 4 月 20 日確認）

宮崎県総合政策部統計調査課（2020a）『宮崎県県民経済計算（平成 29 年度確報）』宮崎県。＜https://www.pref.miyazaki.lg.jp/tokeichosa/kense/toke/kenmin_index.html＞（2020 年 4 月 20 日確認）

宮崎県総合政策部統計調査課（2020b）『宮崎県の推計人口と世帯数（令和 2 年 3 月 1 日現在）』宮崎県。＜https://www.pref.miyazaki.lg.jp/tokeichosa/kense/toke/index-35.html＞（2020 年 4 月 20 日確認）

宮崎市観光商工部商工戦略局工業政策課（2015）「バングラデシュ IT 技術者雇用促進事業（エンジニア採用支援制度）」『産業・事業者』宮崎市。＜https://www.city.miyazaki.miyazaki.jp/business/location/kougyou-link/1516.html＞（2020 年 9 月 20 日確認）

宮崎大学（2019）「「宮崎－バングラデシュ・モデル」の現地日本語教員による部内報告会の実施」『国際交流・留学』宮崎大学。＜https://www.miyazaki-u.ac.jp/newsrelease/international-info/post-308.html＞（2020 年 4 月 20 日確認）

宮崎大学国際連携センター（2018）『日本語×インターンシッププログラム』宮崎大学。＜https://www.jica.go.jp/bangladesh/bangland/pdf/b-jet/miyazaki_varsity_ex_internship.pdf＞（2020 年 4 月 20 日確認）

宮崎日日新聞社（2017）「高度 IT 人材獲得へ連携」『宮日ビジネス epress』（2017/09/07），宮崎日日新聞社。＜https://miyabiz.com/focus/category_73/item_24180.html＞（2020 年 4 月 20 日確認）

第9章

海外関連事業への産学連携と今後のグローバル人材育成
——人材育成ターゲットからみる地方企業の持続性——

山田　政樹

> 🔑 キーワード：●人的資源管理　●人材開発　●グローバル人材　●英語力
> ●産学連携

はじめに

　本章では，北海道札幌市にあるベンチャー企業と協力し，学生を海外へ派遣する際，派遣する企業側のニーズと学生の意識にどれくらいの差があるのかを，アンケート調査とその分析を通じて明らかにする。アンケートに協力してくれた企業は，輸出入サポートなど貿易関連業務を数名で行う零細企業である。当該企業は，海外のフードエキスポ等の商談会へ学生を派遣する産学連携事業を行っている。そこで，海外で開催される商談会への参加を希望する学生に対して，意識調査をアンケート方式で実施した。アンケート調査の結果，学生をいかに動機づけするのか（モチベーションの重要性）という課題や学生の属性によって海外体験に対する考え方や期待度が異なる点が考察された。また，学生の英語力（TOEICの点数による英語のレベル等）によって，海外商談会に参加する学生達の目的が異なる点が見いだされた。

第1節　企業の海外事業展開とグローバル人材育成

　日本企業の海外進出は，1970年代から暫くは大企業が中心であったが，2000年代以降，中小企業でも積極的にその展開がみられるようになった。

　このような現象は，現在も拡大傾向にあり，首都圏ならず北海道でも2005年以降増加し続けている。日本貿易振興機構（ジェトロ）の2018年度日本企業の海外事業展開に関するアンケート調査（日本貿易振興機構 2019, 30-33頁）によると，日本企業の海外進出をめぐる拡大意欲は57.1％と高い状態を保っている。このような背景の下，現状の海外ビジネスの課題としては，同調査（日本貿易振興機構 2019, 18-19頁）によると，海外進出のための海外ビジネスを担う人材不足と回答した企業が67.3％と最も高い割合となっており，多くの企業においてグローバル人材が不足している。海外進出を果たすためには，海外での事業を担うグローバル人材の育成が急務となっている。

　グローバル人材とは，経済産業省（2010）によると「グローバル化が進展している世界の中で，主体的に物事を考え，多様なバックグラウンドをもつ同僚，取引先，顧客等に自分の考えを分かりやすく伝え，文化的・歴史的なバックグラウンドに由来する価値観や特性の差異を乗り越えて，相手の立場に立って互いを理解し，更にはそうした差異からそれぞれの強みを引き出して活用し，相乗効果を生み出して，新しい価値を生み出すことができる人材（経済産業省 2010, 31頁）」とされている。英語をはじめとした語学力のみではなく，複合的な能力が必要であるとしている。

　北海道札幌市に拠点を持つA社は，2016年に新規で立ち上げた地方ベンチャー企業である。企業の商品をコンテナで輸出する際のサポートをはじめとした輸出入サポートや貿易関連の業務を行っている。従業員は数名で，一軒家の一室で運営されている。A社では，貿易関連のサポートと共に，グローバル人材を育成するために，日本人学生を海外の商談会における商談会通訳として派遣している。派遣先はシンガポールやタイで行われるフードエキスポなどで，北海道の企業が出店しているブースでの試飲や試食の際の通訳がメインとなっている。

第2節　アンケート分析から見るグローバル人材育成ターゲット

　海外商談会へ派遣する学生として，どのような学生が望ましいかについて，学生への意識調査により，人材育成のターゲットを明確にすることを目的とする。それにより，商談会へ派遣する学生を絞り込み，その結果効率的な人材育成が可能となる。

　アンケートは，日本の大学に所属している大学生，主に北海道の大学に通う大学生および大学院生218名を調査の対象として実施した。内訳としては北海道内の学生177名，北海道外の学生41名である。アンケートでの異常値はなく218件全てが有効回答であった。2017年1月9日から1月15日までGoogle formを使用しWeb形式で実施した。設問2から24および26から31は5段階のリッカートスケール式の選択式となっている。設問1および25は数字，32および38は参考項目としてフリーテキスト入力形式とした。設問33から37は属性となっている（全アンケート内容については，参考資料の表を参照）。

　また，以下の6つの仮説に基づいて，統計分析ソフトSPSSを使用し，アンケート結果の分析を行った。

1.　海外商談会への参加意識
　海外商談会への参加意識は高いとの仮説に基づき分析を行った。表9-4のアンケート内容14番の項目「下の写真は実際の海外商談会の様子です。海外の商談会（海外で見込客を相手にしたサンプル商品の説明を行うなど）に参加してみたいですか？」の結果は表9-1の通りとなった。平均は約3.5となっており，海外商談会に参加してみたいニーズ自体は高い結果となった。

2.　学部別の分析と結果
　ビジネス系の学部のほうが，自然科学系の学部より参加したい意識が高いという仮説に基づき検証を行った。商談会に参加したいかの質問（表9-4の14番の項目）をもとに学部（表9-4の36番の項目のビジネス学部系と自然科学学部系）のt検定分析を行った。仮説は正しく，ビジネス系の学部のほうが，自然科学系の

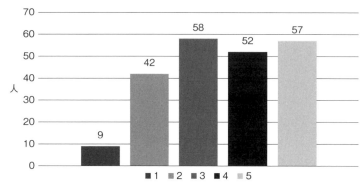

図 9-1　海外商談会への参加意識

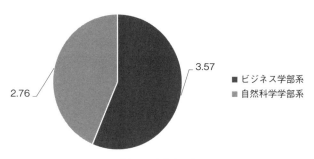

図 9-2　学部別の海外商談会参加意識

学部より参加したい意識が高い状態となっていた。図 9-2 のとおり平均点がビジネス系学部のほうが高い状況（他の文系学部も 3.5 以上）となっていた。

3. 学年別の分析と結果

　学年が上がるほど，海外商談会へ参加したい人が多くなるという仮説に基づき分析を行った。商談会に参加したいか否かの質問（表 9-4 の 14 番の項目）をもとに学年（表 9-4 の 34 番の項目）の相関分析を行った。大学院生は高いが，学部生に関しては学年が上がるほど，海外商談会へ参加したい人が多くなるとは言えない状態となっていた。図 9-3 のとおり学部生は特に意識レベルに変わりはない状態となっていた。

4. 参加する際に重視する項目について

　海外商談会へ参加したい学生は，何を一番重視するかについて分析を行った。

表9-1　学年別の海外商談会参加意識

学年	項目の平均値
1 年生	3.30
2 年生	3.44
3 年生	3.40
4 年生	3.34
大学院	4.11
社会人大学院	3.70

表9-2　重視する項目の重要度

項目	重視度	標準化係数	有意確立
提携地元企業（日本の地元企業）の内定	低	.015	.829
提携地元企業へのインターンシップが権利	低	.037	.617
参加学生間のつながり・出会い	低	− .010	.896
過去参加学生（OBOG）とのつながり	中	.121	.081
謝礼金を得たいか	低	− .099	.039
将来的に語学力を活かした仕事に就きたいか	低	.047	.485
海外ブートキャンププログラム（授業，お題が与えられての現地でのフィールドワーク）があれば参加をしたいか	高	.211	.009
海外現地企業でのインターンシップをしたいか	高	.211	.009
海外現地学生とのディスカッションをしたいか	高	.251	.001
海外での観光をしたいか	低	.026	.592

商談会に参加したいか否かの質問（表9-4の14番の項目）を元に（表9-4の15番から25番の項目の）重相関分析を行った結果，以下のことが分かった。結果については，決定係数である R2 乗は58.4%となっており，統計的に説明できている（有意確立 .000）。海外ブートキャンプ，海外現地企業でのインターンシップ，海外現地学生とのディスカッションは，海外商談会に参加したい学生にとっては重要であるといえる。海外商談会への参加と謝礼金には正の相関がなく，謝礼目的で参加する学生は少ないことが分かった。したがって，商談会への参加は，海外での体験や経験を得ること自体に学生のモチベーションが高くなっていると考えられる。

5．学生の海外経験についての分析と結果

　海外に何度も訪問している学生ほど商談会に積極的に参加したいと思っているという仮説に基づき分析を行った。商談会に参加したいか否かの質問をもとに渡航した回数との相関分析を行った。その結果，相関係数は 0.218（有意確立 .001）と低く，旅行や留学などで渡航回数が多い学生ほど商談会に参加する意欲があるとは言い難い結果となった。

6．英語のレベル別分析とその結果

　英語のレベルが高いほど，商談会に参加する意欲が高まるという仮説に基づき分析を行った。商談会に参加したいか否かの質問（表 9-4 の 14 番の項目）をもとに英語力（表 9-4 の 37 番の項目）との相関分析を行った。その結果，相関係数が 0.175（優位確立 .010）と低く，英語のレベルが高い学生ほど，商談会に参加する意欲が高いとは一概には言えないことが分かった。

　さらに，学生の英語力によって海外商談会への参加に求める項目は異なるとの仮説に基づき分析を行った。商談会に参加したいか否かの質問（表 4 の 14 番の項目）をもとに（表 9-4 の 15 番から 32 番の項目の）重相関分析を行った。「TOEIC395 点以下レベル」および「TOEIC400 点から 495 点レベル」の学生は，商談会への参加目的が観光であること，就職活動において，インターンシップへの参加にも積極的ではない（インターンシップに参加する予定がない）者が多いことがわかった。また，現地学生とディスカッション，将来英語を生かした仕事に就きたいなど，英語に対するモチベーションについても，低いことが明らかとなった。一方，「TOEIC500 点から 595 点レベル」および「TOEIC600 点から 695 点レベル」の学生は，現地の学生とディスカッションがしたい，将来英語を生かした仕事に就きたいなど海外商談会への参加について，積極的な姿勢がみられることが分かった。したがって，このレベルの英語力の学生を海外商談会へ派遣することで，高い成果を得ることが出来る可能性が高いと考えられる。また，「TOEIC700 点から 795 点レベル」の学生に関しては，すでに英語力が備わっており，OBOG とのつながりや観光，IT のスキル活用といった英語以外の面でのモチベーションが高い学生と言えるのではないかと考えられる。以上を表でまとめると表 9-3 の通りとなる。

表9-3　英語力と重視する内容

英語力	内容		標準化係数	有意確立
英語は全くだめ（TOEIC395点以下レベル）	＋	観光がしたい	.664	.073
看板を見てどんな店か，どういったサービスを提供する店かを理解することができる（TOEIC400点から495点レベル）	－	謝礼金	－ .379	.060
	－	就職活動でのインターンの活用	－ .390	.075
電車やバス，飛行機の時間を見て理解できる。打ち解けた状況で How are you? Where do you live? How do you feel? といった簡単な質問を理解できる（TOEIC500点から595点レベル）	＋	海外現地学生とのディスカッション	.388	.087
自分宛てに書かれたメモを読んで理解できる。ゆっくりと配慮してもらえば目的地までの順路を理解できる（TOEIC600点から695点レベル）	－	学生間のつながりや出会い	－ .355	.033
	＋	将来語学を生かした仕事に就きたい	.398	.035
	＋	海外現地学生とのディスカッション	.324	.041
会議の社内案内等の社内文書・通達を読んで理解できる。自分の仕事に関連した日常業務のやり方についての説明を理解できる（TOEIC700点から795点レベル）	＋	OBOGとのつながり	.302	.072
	－	将来語学を生かした仕事に就きたい	－ .500	.074
	＋	観光がしたい	.293	.092
	＋	ITスキルの活用をしたい	.378	.086

　アンケートの対象となった学生に英語力が非常に高い学生が少なかったこともあり，「英語で書かれたインターネットのホームページから，必要な資料・情報を探し収集できる。職場（学校やバイト等）で発生した問題について議論している同僚の話が理解できる（TOEICが800点から895点レベル），および自分の専門分野の高度な専門書を読んで理解でき，英語を話す人たちが行っている最近の出来事・事件に関する議論を聞いて内容を理解することができる（TOEIC900点レベル以上）に関しては，サンプル数が少なく，重回帰分析が出来なかった。

第3節 アンケートの結果と分析から見えてきたこと

　海外商談会に派遣するターゲットとなる学生としては，学部に関してはビジネス系の学部で，学年がその対象となるに相応しいという結論を得た。分析の結果，高いレベルの英語力や豊富な海外経験は特に必要なく，やる気がありモチベーションの高い学生を徴用すべきとの結論に至った。しかしながら，TOEICの点数との相関などをもとに，学生の英語のレベル別に海外商談会に参加する意欲および意識を分析した結果，英語のレベルによって，学生が海外商談会の派遣プログラムに求めるものが異なる点が明らかとなった。つまり，TOEIC395点以下の英語力が低い学生の場合，当該プログラムへの参加の目的は，観光など旅行が目的であると考えていることが分かった。したがって，このレベルの学生を実際に派遣しても人材育成の効果が上がらないと考えられる。一方で，ある程度の英語力があり，TOEICで700点以上獲得できる英語のレベルがある学生となると，海外商談会の通訳として派遣しても，あまり効果が上がらないことが分析の結果明らかとなった。英語のレベルが高い学生は，当該派遣プログラムで通訳などの海外体験をするよりも，他者とのつながりでのネットワークを形成することや海外でITスキルを高めたいなど，他の能力をつけることに興味を持っていることも分析の結果，明らかとなった。つまり，英語のレベルが高い水準にある学生たちは，海外商談会における通訳とは別の経験や体験を求めているのである。したがって，この英語レベル帯の学生も当該プログラムを通じて行うグローバルな人材育成においては，あまり効果が上がらないと考えられる。結論としては，英語力に関しては，TOEICで500点から695点レベルの英語のレベルでいうと中級層の学生が，グローバル人材を育成していくうえで，育成効果があるのではないかと考えられる。

おわりに

　本章では，札幌市にあるベンチャー企業で実施している海外のフードエキスポ

等への商談会が，グローバル人材を育成するプログラムとして有効であるか否かを，アンケート調査とその結果を分析することで結論を見出している。

　アンケートは，北海道内の大学に通う学生177名と北海道以外の大学に通う学生41名の合計218名を対象に実施した。アンケートから得られた学生からの回答をもとに，海外商談会への参加プログラムが，学生をどの程度グローバルな人材として育成することが出来るかを検証した。

　本調査では，海外商談会派遣に関して大学生を想定しての調査を行っている。調査は，海外での研修や海外インターンシップなどが，学生にとってどれくらい効果的であり，それらのプログラムを通じて，学生をグローバルな人材として育成できるかどうかを検証したことに意義がある。アンケート調査の結果から，まず，海外商談会へ派遣する学生として，どのような学生が望ましいか（人材育成のターゲット）が明確となった。さらに，英語のレベル別に海外へ派遣するにあたり最適な学生群を検出した。

　本章で実施したアンケート調査の結果は，地方にある中小・中堅企業が従業員を海外へ派遣する際においても，参考になると考えられる。

　グローバル人材育成の効果的な方法は，英語力を一つの指標として考えた場合，海外業務を行うには若干英語力が足りないと思われる人材を選び，海外に派遣するのが効果的である。よって，英語力の中級層をグローバル人材育成プログラムの対象者として選別し，企業内外で様々な教育を実施することで，グローバル人材を養成できると考えられる。グローバル化が急速に進んでいる現在において，中小・中堅企業も企業内外での人的資源の能力を底上げしていく必要がある。効果的な人材の選別と，グローバル人材育成プログラムの充実こそが地方企業の持続可能性を向上させていくのではないだろうか。

参考資料

1. アンケート内容

　アンケート調査の内容は以下の表9-4の通りとなっている。設問33から37までの属性に関する選択肢および人数は次項で説明する。

表9-4　アンケート内容

	カテゴリー	質問事項
1	海外経験	海外へは何回行ったことがありますか？　数字のみで回数を入力してください（半角数字）。なければ0を入力してください
2	コミュニケーション	人と会話することが好きですか？
3	コミュニケーション	人とFacebookなどのSNSでコミュニケーションすることが好きですか？
4	コミュニケーション	海外の人と会話を取ることに抵抗がありますか？
5	コミュニケーション	海外の人とSNSを使用してコミュニケーションすることに抵抗がありますか？
6	コミュニケーション	海外の人と会話することが好きですか，もしくは会話してみたいですか？
7	コミュニケーション	海外の人とSNSを使用してコミュニケーションを取ることが好きですか，もしくはSNSを使用してコミュニケーションをとってみたいですか？
8	海外経験	英語を身につけるための経験を大学生のうちに積みたいですか？
9	海外経験	大学時代に英語を身につけるための経験として，海外の語学学校への留学についてどの程度参加したいと思いますか？
10	海外経験	大学時代に英語を身につけるための経験として，海外大学への留学についてどの程度参加したいと思いますか？
11	海外経験	大学時代に英語を身につけるための経験として，海外企業のインターンシップについてどの程度参加したいと思いますか？
12	海外経験	あなたの通う大学の語学教育プログラムはあなたにとって充実していますか？
13	海外経験	英語力向上のために大学以外の場を利用したいと思いますか？
14	海外商談会	下の写真は実際の海外商談会の様子です。海外の商談会（海外で見込客を相手にしたサンプル商品の説明を行うなど）に参加してみたいですか？
15	海外商談会	商談会に参加した場合，提携地元企業（日本の地元企業）の内定が得られるとうれしいですか？
16	海外商談会	海外商談会に参加した場合，提携地元企業へのインターンシップができる権利が得られるとうれしいですか？
17	海外商談会	海外商談会に参加した場合，参加学生間のつながり，出会いを得たいですか？
18	海外商談会	海外商談会に参加した場合，過去参加学生（OBOG）とのつながりを得たいですか？
19	海外商談会	海外商談会に参加した場合，謝礼金を得たいですか？
20	海外商談会	将来的に語学力を活かした仕事に就きたいと思いますか？
21	海外商談会	海外ブートキャンプププログラム（授業，お題が与えられての現地でのフィールドワーク）がもしあれば参加をしたいですか？
22	海外商談会	海外現地企業でのインターンシップをしたいですか？

23	海外商談会	海外現地学生とのディスカッションがしたいですか？
24	海外商談会	海外で観光がしたいですか？
25	インターンとスキル活用	就職活動に企業のインターン制度を活用していますか？　何社行きましたか，もしくは活用したことがない方は何社くらい行きたいですか？　数字のみ入力してください（半角数字）。活用していなく活用したくない場合は 0 を入力してください。
26	インターンとスキル活用	学校の授業以外で就職に役立つ活動（ボランティア，アルバイトなど）行っていますか？　または行いたいですか？
27	インターンとスキル活用	英語でのコミュニケーション力を在学中にボランティアやインターンなどで活用できそうもしくは活用したいですか？
28	インターンとスキル活用	IT スキル（Word, Excel PowerPoint, マクロ，プログラミングなど）を在学中にボランティアやインターンなどで活用できそうもしくは活用したいですか？
29	インターンとスキル活用	マーケティング知識（分析力）を在学中にボランティアやインターンなどで活用できそうもしくは活用したいですか？
30	インターンとスキル活用	会計知識（分析力）を在学中にボランティアやインターンなどで活用できそうもしくは活用したいですか？
31	インターンとスキル活用	販売や接客能力を在学中にボランティアやインターンなどで活用できそうもしくは活用したいですか？
32	インターンとスキル活用	その他あなたが在学中にボランティアやインターンなどで活用できそうもしくは活用したい知識や能力があれば教えてください。
33	属性	あなたの性別を教えてください。
34	属性	大学何年生ですか？
35	属性	所属の大学を教えてください。
36	属性	大学の専攻を教えてください。
37	属性	現在の英語のレベルを教えてください。
38	インターンとスキル活用	最後に海外商談会事業や，A 社に今後行ってほしいことや事業があれば記載してください。

　また，アンケート作成前には，アンケート作成の事前情報を取得するためにインタビュー調査を行った。グループインタビューを 2 回（4 名および 6 名），デプスインタビューを 3 回実施した。

2.　回答者の属性

　回答者の属性は表 9-5 の通りとなっている。

表9-5　回答者の属性

33「あなたの性別を教えてください」
・男性：83 名　・女性：135 名

34「大学何年生ですか」
・1 年生：33 名　・2 年生：52 名　・3 年生：52 名　・4 年生：44 名 ・大学院生：27 名　・社会人大学院生：10 名

35「所属の大学を教えてください」
・小樽商科大学：43 名　・札幌学院大学：2 名　・藤女子大学：12 名 ・北星学園大学：3 名　・北海学園大学：64 名　・北海道大学：34 名 ・その他北海道内大学：19 名　・その他北海道外大学：41 名

36「大学の専攻を教えてください」
・ビジネス学部系：経済学，経営学，商学など：128 名 ・社会学部系：産業関係，社会福祉，地域学など：25 名 ・外国語学部系：英米文学，英語学など：17 名 ・文学部系：史学，哲学，心理学など：23 名 ・自然科学部系：理学，医学，生命科学，工学など：25 名

37「現在の英語のレベルを教えてください」の選択肢詳細
・英語は全くだめ（TOEIC395 点以下レベル）：25 名 ・看板を見てどんな店か，どういったサービスを提供する店かを理解することができる（TOEIC400 点から 495 点レベル）：39 名 ・電車やバス，飛行機の時間を見て理解できる。打ち解けた状況で"How are you?""Where do you live?""How do you feel?"といった簡単な質問を理解できる（TOEIC500 点から 595 点レベル）：51 名 ・自分宛てに書かれたメモを読んで理解できる。ゆっくりと配慮してもらえば目的地までの順路を理解できる（TOEIC600 点から 695 点レベル）：55 名 ・会議の社内案内等の社内文書・通達を読んで理解できる。自分の仕事に関連した日常業務のやり方についての説明を理解できる（TOEIC700 点から 795 点レベル）：32 名 ・英語で書かれたインターネットのページから，必要な資料・情報を探し収集できる。職場（学校やバイト等）で発生した問題について議論している同僚の話が理解できる（TOEIC800 点から 895 点レベル）：14 名 ・自分の専門分野の高度な専門書を読んで理解できる。英語を話す人たちが行っている最近の出来事・事件に関する議論を聞いて内容を理解することができる（TOEIC900 点レベル以上）：2 名

［参考文献］

経済産業省（2010）「産学人材パートナーシップ　グローバル人材育成委員会　報告書 （2010 年 4 月 23 日公表）」。<https://www.meti.go.jp/policy/economy/jinzai/san_gaku_ps/global_jinzai.htm>（アクセス日：2019 年 5 月 10 日）

白木三秀（編著）（2014）『グローバルマネージャーの育成と評価』早稲田大学出版部。

関口倫紀・竹内規彦・井口知栄（編著）（2016）『国際人的資源管理』中央経済社。

内藤永（2015）「産業界の英語ニーズ調査に基づく人勢育成モデル」。<http://hdl.handle.net/10097/60717>（アクセス日：2020 年 1 月 31 日）

内藤永・吉田翠・飯田深雪・三浦寛子・坂部俊行・柴田晶子・竹村雅史・山田恵（2006）「北海道の企業及び産業界における英語の使用実態とニーズに関する調査研究」『平成 17 年度助成研究論文集』財団法人北海道開発協会開発調査総合研究所，107-138 頁。

日本貿易振興機構 JETRO（2019）「「2018 年度日本企業の海外事業展開に関するアンケート調査」（ジェト

ロ海外ビジネス調査）結果概要」。<https://www.jetro.go.jp/news/releases/2019/562442736e6516b5.html>（アクセス日：2020年1月31日）

寺内一（監修），藤田玲子・内藤永（編集），一般社団法人大学英語教育学会 EBP 調査研究特別委員会・一般社団法人国際ビジネスコミュニケーション協会（著者）(2015)『ビジネスミーティング英語力 Essential English for Business Meetings』朝日出版社。

Terauchi, T., Noguchi, J., & Tajino, A. (Eds.) (2019) *Towards a New Paradigm for English Language Teaching – English for Specific Purposes in Asia and Beyond*, London: Routledge.

Yamada, M., Sakabe, T., Miura, H., Shibata, A., Ishikawa, N., & Naito, H. (2017) A Survey to Develop a Regional Program of Sending Students to Exhibitions Abroad as Volunteer Interpreters [poster presentation], ABC (Association for Business Communication) ABC 82nd Annual International Conference.

資料1

日本経営学会東北部会特別プロジェクトワークショップ（WS）立ち上げから
共著書執筆までの略年表

佐々木　純一郎

岩淵　護

2015 年

4 月 21 日　WS の発端となる科学研究補助金基盤研究（C）（研究課題番号：15K03671）
　　　　　の助成研究「取引費用モデルを活用したクラスターネットワーク形成と地
　　　　　域活性化に関する実証的研究」［研究代表者：岩淵護（青森大学）］が開始
　　　　　され，この延長線上に WS の構想が練られる。研究分担者のうち，堀籠崇
　　　　　会員（新潟大学），中村和彦会員（青森大学），百武仁志会員（大阪観光大
　　　　　学）が後日 WS のメンバーとなる。

2017 年

5 月 13 日　日本経営学会東北部会（弘前大学）
　　　　　・日本経営学会理事・東北部会代表・咲川孝会員（当時）より，佐々木純
　　　　　　一郎会員に WS 開催の打診。

9 月 16 日　工業経営研究学会第 32 回全国大会（愛知工業大学）
　　　　　・統一論題にて WS の礎となる報告が行われる。
　　　　　・税所哲郎会員（国士舘大学）「ASEAN におけるリンケージ・マネジメン
　　　　　　トの考察：タイを中心とした産業集積の連携について」
　　　　　・岩淵護会員（青森大学）「国内におけるモノづくりから捉えたリンケー
　　　　　　ジ・バリューという事象：戦略プロセスのフレームワークより捉えた青
　　　　　　森クリスタルバレイ構想の今」
　　　　　・WS 開催に向けた研究協力を下畑浩二会員（四国大学）よりご承諾頂く。
　　　　　　（岩淵）

11 月 18 日　日本経営学会東北部会（東北大学）
　　　　　・東北部会として全国大会での WS 開催申請を提案。（佐々木）

2018 年

3 月 25 日　日本経営学会東北部会（青森市）
　　　　　・WS の一部として以下の研究報告が実施された。
　　　　　・中村和彦会員（青森大学）「地域ブランドとパートナーシップ・マネジメ
　　　　　　ント：標準化とカスタマイゼーションをバランスさせるブランド戦略の
　　　　　　構築」

7 月 7 日　　アジア市場経済学会，第 22 回全国大会（岡山理科大学）第 3 分科会
　　　　　・WS の礎となる報告が行われる。
　　　　　・岩淵護会員（青森大学）「ネットワーク戦略，取引費用からとらえた統合
　　　　　　と調整：南アジアにおける現地経営の一考察」

9 月 5-8 日　第 92 回　日本経営学会全国大会（新潟大学）［資料 2 参照のこと］
　　　　　・うち 9 月 6 日　日本経営学会東北部会発 WS 開催「東北部会発―誘致企
　　　　　　業と地場企業の現状と可能性」
　　　　　・遠原智文会員（大阪経済大学）に研究協力を相談。（佐々木）
　　　　　・永島暢太郎会員（東海大学），守屋貴司会員（理事・当時）（立命館大学）
　　　　　　に研究協力を相談。

12 月 8 日　日本経営学会東北部会開催（東北大学）
　　　　　・日本経営学会全国大会における東北部会発 WS 第二弾の開催申請を提案。
　　　　　　（佐々木）
　　　　　・高浦康有会員（東北大学）より，WS に関連した共著の企画提案。
　　　　　・土谷幸久会員（いわき明星大学）「福島イノベーション・コースト構想最
　　　　　　大の困難と可能性について（仮）」
　　　　　・佐々木純一郎会員（弘前大学）・岩淵護会員（青森大学）「東北部会発：
　　　　　　誘致企業と地場産業の現状と可能性：第二弾に向けて（仮）」
　　　　　　司会＆コメンテータ：咲川孝会員（新潟大学）

2019 年

6 月 29 日　日本経営学会東北部会・北海道部会，経営哲学学会北海道部会による合同
　　　　　部会（青森市）
　　　　　【東北部会】「地方企業の持続可能性」WS 報告予定者による報告と議論
　　　　　・パネリスト：佐々木純一郎会員（弘前大学），竹ヶ原公会員（青森大学），

　　　　　土谷幸久会員（いわき明星大学），堀籠崇会員（新潟大学），百武仁志会
　　　　　員（大阪観光大学），江向華会員（京都先端科学大学）
　　　　・司会＆コメンテータ：澤野雅彦氏（北海学園大学）
　　　　・竹ヶ原公会員（青森大学）「地域経営から捉えたソーシャルビジネスの意
　　　　　義―官民の連携ネットワークが共創する「南部どき」の取り組み―」

7 月 2 日　　　会津短期大学にて平澤賢一会員と WS の打ち合わせ（佐々木）

9 月 3-6 日　　第 93 回　日本経営学会全国大会（関西大学）
　　　　・うち 9 月 4 日　「東北部会発ワークショップ第二弾―地方企業の持続可能
　　　　　性」［資料 3 参照のこと］
　　　　・大会期間中に，継続して佐々木会員（現理事・東北部会代表）を代表，
　　　　　岩淵会員（現東北部会幹事）を取りまとめ役として本書出版を進めるこ
　　　　　とが固まる。

12 月 14 日　日本経営学会東北部会（浅虫温泉）
　　　　　WS 共著有志＊による打ち合わせを併催。
　　　　　　　＊佐々木会員，岩淵会員，税所会員，下畑会員（現理事），土谷会員

2020 年

3 月 6 日　　　日本経営学会東北部会開催予定。
　　　　・新型コロナの影響により中止。
　　　　・部会の代わりに WS 共著者有志＊による打合せ開催。（仙台市）
　　　　　　　　　　　＊佐々木会員，岩淵会員，税所会員，土谷会員

5 月 30 日　　オンラインによる共著者全員参加の合評会・懇親会

7 月 6 日　　　共著原稿の脱稿

＊なお東北部会および北海道部会の会員については，各々の部会などで WS 参加を依頼
　した。

資料 2

2018 年度　第 92 回　日本経営学会全国大会　東北部会発ワークショップ

佐々木　純一郎
岩淵　護

役　割	担　当
司　会（座長）	佐々木　純一郎（弘前大学）
第 1 報告	「地域システムを整合化させる価値マネジメント―青森県下北のモノづくりからとらえた企業誘致と成長―」 　報告者　　　　　岩淵　護（青森大学） 　コーディネーター　堀籠　崇（新潟大学）
第 2 報告	「日本酒の海外展開と新潟大学『日本酒学』の挑戦―伝統産業の海外展開と地域創生」 　報告者　　　　　岸　保行（新潟大学） 　コーディネーター　中村　和彦（青森大学）

資料3

2019年度　第93回　日本経営学会全国大会　東北部会発ワークショップ

佐々木　純一郎
岩淵　護

役　割	担　当
司　会（座長）	佐々木　純一郎（弘前大学）

第1報告
（青函ブース）
「経営理念重視の地場企業による広域青函圏市場へのアプローチ」

	報告者	佐々木　純一郎（弘前大学）
	コーディネーター	角田　美知江（函館大学）
	ラウンダー	坂井　俊文（北海道科学大学）
		山田　正樹（札幌大谷大学）

第2報告
（青森ブース）
「青森県における酒づくり取り組み事例：鳩正宗酒造の取り組みからみた杜氏と地域住民との共創」

	報告者	竹ヶ原　公（青森大学）
	コーディネーター	中村　和彦（青森大学）
	ラウンダー	工藤　周平（石巻専修大学）
		下畑　浩二（四国大学）

第3報告
（福島ブース）
「福島イノベーション・コースト構想を核とした浜通り地方創生戦略への挑戦：マイナスからの地方創生」

	報告者	土谷　幸久（医療創生大学（旧いわき明星大学））
	コーディネーター	平澤　賢一（会津大学短期大学部）
	ラウンダー	遠原　智文（大阪経済大学）
		遠藤　哲哉（青森公立大学）

第4報告
（新潟ブース）
「地域課題に適合的な医療経営モデルの構築にむけて：新潟県の地域医療再編への取組事例：魚沼モデル」

	報告者	堀籠　崇（新潟大学）
	コーディネーター	岸　保行（新潟大学）
	ラウンダー	守屋　貴司（立命館大学）
		永島　暢太郎（東海大学）

第 5 報告　　　「ブランド力を高める地方：茨城県での中小企業の取組み事例を中心
（北関東ブー　　　に」
ス）　　　　　報告者　　　　　　　百武　仁志（大阪観光大学）
　　　　　　　　コーディネーター　　税所　哲郎（国士舘大学）
　　　　　　　　ラウンダー　　　　　中井　誠（四天王寺大学）
　　　　　　　　　　　　　　　　　　水野　由香里（国士舘大学）

第 6 報告　　　「国内に（地域に）モノづくりを残すための取り組み事例：菅公学生服
（中国・四国　　株式会社の取り組みからみた産官学連携」
ブース）　　　報告者　　　　　　　江　向華（京都先端科学大学）
　　　　　　　　コーディネーター　　岩淵　護（青森大学）
　　　　　　　　情報提供・整理　　　亀岡　京子（東海大学）
　　　　　　　　ラウンダー　　　　　高橋　宏幸（久留米大学）
　　　　　　　　　　　　　　　　　　高橋　義仁（専修大学）

＊なお当日，柳田仁会員（神奈川大学名誉教授）が参加された。
　特に記して謝意を表したい。

後 書 き

佐々木　純一郎

　本書の執筆および刊行の経緯について簡単に説明したい。

　2018 年の日本経営学会全国大会は，新潟国際情報大学を会場として開催され
た。全国大会の開催にあたり地元の東北部会としてワーク・ショップを実施して
はどうかと，当時の日本経営学会理事・東北部会代表・咲川孝会員（新潟大学。
現、中央大学）から筆者に相談されたのがそもそもの契機である。2018 年と 2019
年の日本経営学会全国大会において，日本経営学会東北部会を中心にワーク・
ショップを開催し，このワークショップに参加した会員が，執筆を担当してい
る。これらの詳しい経緯は，本書の「資料」を参照されたい。

　また日本経営学会の各部会に所属する会員が，「地域企業」をテーマに共著書を
刊行するのは貴重だと感じている。今回の共著原稿について，複数のベテラン執
筆者から，複数の若手執筆者に対して，推敲案という形で助言をいただいた。こ
のように部会を横断し，ベテランと若手が研究のノウハウを共有できたことは，
今後の持続可能な研究者育成という観点からも有意義な経験になったと思われる。

　2020 年 7 月 3 日を原稿の入稿日とした関係で，今後の社会のあり方に大きく影
響を及ぼすと考えられる新型コロナウイルス感染症の世界的な大流行（パンデ
ミック）については，序章で若干言及したのみである。

　厚生労働省の「新しい生活様式」によれば，生活様式や働き方の新しいスタイ
ルが例示されている。個々人の新しい生活様式や新しいスタイルの働き方は，地
域企業と地域社会のあり方にも変革を迫るものだといえよう。

　本書を貫く視座の 1 つは，経営理念を重視する地域企業が地域社会と共創し，
産学官連携など，多様な主体の連携により地域課題を解決するというものであ
る。それゆえ，本書で説明した地域企業のケース・スタディは，新型コロナウイ
ルス感染症の収束後にも通用する地域企業と地域社会の方向性を示唆するものと
考えられる。

　最後になったが，本書の出版にあたり株式会社文眞堂，前野隆氏ならびに前野
眞司氏には大変お世話になった。特に記して謝意を表したい。

索　　引

執筆者紹介

（執筆順）

佐々木　純一郎（ささき　じゅんいちろう）

　　弘前大学　大学院地域社会研究科　教授　日本経営学会理事・東北部会代表

　　＊序章，第4章，資料，後書きおよび全体のとりまとめ担当

土谷　幸久（つちや　ゆきひさ）

　　常磐大学　総合政策学部　教授

　　＊第1章担当

中井　誠（なかい　まこと）

　　四天王寺大学　人文社会学部　教授

　　＊第2章担当

江　向華（こう　こうか）

　　京都先端科学大学　経済経営学部　准教授

　　＊第3章担当

角田　美知江（つのだ　みちえ）

　　札幌大学　地域共創学群　経営・会計学系　准教授

　　＊第5章担当

下畑　浩二（しもはた　こうじ）

　　四国大学　経営情報学部　講師　日本経営学会理事

　　＊第6章担当

岩淵　護（いわぶち　まもる）

　　青森大学　総合経営学部　准教授　日本経営学会東北部会幹事

　　＊第7章および資料

税所　哲郎（さいしょ　てつろう）

　　早稲田大学　商学部　非常勤講師

　　＊第8章担当

山田　政樹（やまだ　まさき）

　　札幌大谷大学　社会学部　助教

　　＊第9章担当

日本経営学会東北部会発　グローバル化の中の地域企業
――経営理念による地域との共創――

2020 年 10 月 20 日　第 1 版第 1 刷発行　　　　　　　　検印省略

編　者	日本経営学会東北部会プロジェクトチーム 代表　佐々木純一郎
発行者	前　野　　　隆
発行所	株式会社 文　眞　堂 東京都新宿区早稲田鶴巻町 533 電　話　03（3202）8480 ＦＡＸ　03（3203）2638 http://www.bunshin-do.co.jp/ 〒 162-0041 振 替00120-2-96437

製作・美研プリンティング
©2020
定価はカバー裏に表示してあります
ISBN978-4-8309-5097-1　C3034